## 厦门社科丛书·鼓浪屿历史文化系列

厦门市委宣传部　厦门市社科联　编

Gulangyu Lishi Wenhua Xilie

泓莹 著

鼓浪屿原住民

厦门大学出版社

XIAMEN UNIVERSITY PRESS

**图书在版编目(CIP)数据**

鼓浪屿原住民/泓莹著. —厦门:厦门大学出版社,2010.1
(厦门社科丛书·鼓浪屿历史文化系列)
ISBN 978-7-5615-3362-8

Ⅰ.鼓…　Ⅱ.泓…　Ⅲ.区(城市)-风俗习惯-简介-厦门市
Ⅳ.K892.457.3

中国版本图书馆 CIP 数据核字(2009)第 229885 号

厦门大学出版社出版发行
(地址:厦门市软件园二期望海路 39 号　邮编:361008)
http://www.xmupress.com
xmup @ public.xm.fj.cn
厦门集大印刷厂印刷
(地址:厦门市集美石鼓路 9 号　邮编:361021)
2010 年 1 月第 1 版　2010 年 1 月第 1 次印刷
开本:889×1194　1/32　印张:4.25　插页:2
字数:128 千字
定价:180.00 元(全套 10 册)
**本书如有印装质量问题请直接寄承印厂调换**

鼓浪屿的孩子 （陈惠心 供稿）

20世纪50年代鼓浪屿普通居民 （陈黛丽 供稿）

闽南夫妻船 （白桦 供稿）

20世纪初新加坡闽南籍华人儿童（王炳晋、梁怀滨 供稿）

鼓浪屿老码头 （陈紫微 供稿）

早年厦鼓轮渡码头职工 （轮渡公司 供稿）

1950年鼓浪屿怀德幼稚园毕业照 （柯秀文 供稿）

廖永明荣获铁饼冠军
（廖明莉 供稿）

鼓浪屿二院腰鼓队欢送何会珠入朝 （何会珠 供稿）

1948年救世院护校学生 （何会珠 供稿）

上个世纪50年代初救世医院护士 （黄美月 供稿）

昔日鼓浪屿闽南女孩和她们的洋教员 （杨琼琳 供稿）

# 总　序

　　"国民之魂，文以化之；国家之神，文以铸之。"文化是一个民族的根，一个民族的魂，是国家发展、民族振兴的重要支撑。当今时代，文化越来越成为民族凝聚力和创造力的重要源泉，越来越成为综合国力竞争的重要因素。

　　厦门是一个具有一定历史文化积淀的现代化港口风景旅游城市，物华天宝，人杰地灵，形成了瑰丽多姿的文化和丰富独特的文化遗产。鼓浪屿素有"海上花园"、"万国建筑博览"、"音乐之乡"，"钢琴之岛"之美誉，是国家级重点风景名胜区。在历史的发展过程中，近现代中西文化在这里汇聚融合，造就了一种既具有深厚的闽南文化传统，又具有浓厚西洋文化特色的文化形态和风格，是厦门独特的历史文化的浓缩和代表。

　　为进一步研究、保护、传承鼓浪屿历史文化，厦门市委宣传部、市社科联聘请生于鼓浪屿、长于鼓浪屿的福建省社科院原副院长、资深文史专家黄猷先生为总审稿人，联合组织专家学者精心策划、精心研究、精心编撰出版《厦门社科丛书——鼓浪屿历史文化系列》。丛书以史话、风光、建筑、音乐、宗教、原住民、公共租界、侨客、教育、学者等十个专题为主要内容，较客观准确地介绍了鼓浪屿历史文化和风土人情，充分展现了鼓浪屿深厚的文化底蕴和独特魅力，是一套系统研究鼓浪屿历史文化的史料读本和百科全书。相信《厦门社科丛书——鼓浪屿历史文化系列》的出版发行，对于传承、弘扬鼓浪屿历史文化和厦门特色文化，提升厦门市民的人文素质和城市文化软实力以及鼓浪屿申请世界非物质文化遗产都具有重要的意义和积极的作用。

中共厦门市委常委、宣传部长

2010 年 1 月

# 前　言

　　鼓浪屿早年原住民与一般闽南渔村并无二致，大概南宋年间就有龙海人迁到这个蕞尔小岛，他们最早住在内厝澳。内厝澳原称李厝澳，据史书记载，早年李氏渔民从嵩屿到这里避风并定居于此。范寿春先生则认为鼓浪屿发源地是旧庵河。笔者没有能力作详实考据，这种考据对这本薄薄的小书也没有太多意义。这些年，我一直做着看起来琐碎但却力所能及的事，陆陆续续拾掇100多年来闽南语文化圈中值得咀嚼的部分，并力图写出自己的理解和认识。

　　优秀深厚的文化往往擅长兼收并蓄，不轻易改变自己的内核却能焕发出新的生命张力！鼓浪屿真正的原住民很少，民国初年闽南各地匪患猖獗，有些从南洋"回唐山"的华侨多半不愿回原籍，便卜居鼓浪屿；有些华侨终生在南洋"打拼"未必"回唐山"定居，却也将家眷安置于此。当年鼓浪屿实际上荟萃了闽台乃至南洋相当一部分最具经济实力、相对有文化有血性的官绅商贾。就我个人观点：源于中原的闽南文化内核显然也很强悍，100多年的中西文化碰撞融合，鼓浪屿既吸纳了西方文化的精华，也未将洗澡盆里的孩子丢出去。那时有地位的鼓浪屿人多半受过西式教育，却比较少见到以洋泾浜英语为荣的、数典忘祖的"西崽"。

鼓浪屿人的民族自尊心还是很强的。那时的鼓浪屿人总的来说含蓄典雅，有些清高，可能还有些自以为是，但不乔张做致，看上去十分儒雅的男人通常酷爱足球和游泳，女人娴静素淡但柔中有刚，鼓浪屿女孩衣着虽然讲究，却忌讳浓妆艳抹，更忌嗲声浪气。炎炎夏日，泳装男女可以披着浴巾坦然横穿街巷，但无论是社交场合还是日常生活衣着均需整洁端庄。一般而言，鼓浪屿人的家教是很严的，尤其是女孩，大家闺秀不卑不亢，小家碧玉娟秀内敛，较少"十里洋场"的风尘味。

很显然，深厚的中国文化底蕴和优渥的生活环境，使得鼓浪屿人能从容笃定地咀嚼西方文明的精华并为我所用，这种深入骨髓的教养，使得在各个领域脱颖而出的鼓浪屿人格外出色。百年来鼓浪屿在音乐、美术、体育以及文教卫生等方面，涌现出无数出类拔萃的人才！

本书主要叙述100多年来中西文化碰撞交融下，不卑不亢、含蓄典雅的"老鼓浪屿人"。100年在悠悠历史长河中不过是短暂的一瞬，百年来这个美丽小岛究竟蕴蓄出多少风流人物当然也不是我能全面叙述的，耳濡目染，我尽量写出自己的真实感受，有关洋人部分只能根据史料和老一辈人的叙述。在我的笔下,名人与非名人享有同等地位。经典图片大多出自前辈著作,一部分是自己近年来从民间收集的材料,个别来自网络,实在没法对号入座的就以自己拍摄的相关图片替代。

这些文章原本是《指尖上的流韵——闽南语文化圈老照片拾掇》的重要组成部分,在厦门社科联的命题下梳理成章。严格来说,这是一本随笔集,为了让它不至于太散漫,按职业与阶层粗略地分块,尽量有序地传达老鼓浪屿人的文化韵味和作者的一点咀嚼与理解。

# 目录 CONTENTS

# 第一章

# 洋人，
# 多重过客的足迹

"原来的过客就是现在的原住民"，这句话不完全适合于曾经在鼓浪屿呆过的洋人，因为 1949 年后，他们都走了，一些人是含着眼泪走的，比如救世医院的原护理干事，上世纪 80 年代又回来看她最后一届学生的明姑娘（明仁懿）。但真正意义上的老鼓浪屿人的确都是"外来人口"，除了龙海籍渔民和明末海商，最早的"红毛番"，主要是在印尼成立了东印度公司，后来又侵占了台湾的荷兰人。

鼓浪屿岛上外国人的足迹出现很早。据专家考证，鼓浪屿番仔园外国船员墓碑石上最早的年份是 1698 年。应该说，岛上洋人的足迹最早是水手、海盗与商人身份的葡萄牙和荷兰人，尤其是与郑芝龙等著名海商互为犄角，而又有密切经济往来的东印度公司的荷兰人，可能还有一部分来自菲律宾西班牙属殖民地与印尼荷属殖民地的马来人和欧亚混血儿……

事实上信奉天主教的，以郑芝龙和郑成功为代表的郑氏家族，还有其他中国海商（盗），比如荷兰人经常提到的许心素，他们在闭关锁国的中国政府与虎视眈眈的荷兰人之间一向扮演相当微妙的角色，在荷兰东印度公司驻东印度总督库恩的日记中有这么一段叙述：

……

尽管只能抽出 120 人，他们仍然决定到鼓浪屿扫荡。该岛上有两座美丽的村庄，许多漂亮房舍。经营马尼拉贸易的中国巨商EISAN 和 WANGSAN 即住在岛上……

因为请求贸易权遭到拒绝，荷兰人对中国"宣战"，其中有一次就是进攻鼓浪屿，他们烧杀抢无恶不作，轻而易举就烧了这些"漂亮房舍"。

……

这里暂且不去考据其他，施行海禁政策的明洪武年间，鼓浪屿居民被勒令外迁，用李启宇先生的话说，当时"鼓浪屿再次成为海盗的巢穴"。明中叶以后，海禁渐渐松动，"闽漳之人，与番舶夷商贩番物，往来络绎于海上"（《海澄县志》）。鼓浪屿人烟翕然，估计就是从事"马尼拉贸易"的闽南海商，筑就了这些"漂亮房舍"，被荷兰人武力摧毁后，鼓浪屿成为郑家父子尤其是郑成功的"屯兵之地"之一。

其实郑氏的活动范围是整个"漳州湾"，甚至是闽粤沿海。郑芝龙当然是海盗，这位原名"一官"的海盗不仅仅是彪悍而已，他懂好几门外文，曾经做过荷兰人的翻译，后来居然信了天主教，一说他少年时期在澳门就"领受圣洗"了。不知郑氏父子当年是如何处理宗教信仰和多妻妾问题的，也许和洪秀全一样，是处于"初级阶段"的伪信仰？

荷兰人所谓的漳州湾
（图片来源：《荷兰人在福尔摩沙》）

无论如何，这位圣名尼古拉的天主教徒与外国人打交道非常频繁，做起生意来十分精明，精明的"一官"接受明朝廷招安后变成更强悍的郑芝龙，在清扫其他海盗的几年中，他官至福建总兵同时称霸一方，亦官亦商，呼风唤雨。荷兰人起先对他的定义是"海盗或者厦门大官一官"，后来像称呼承办荷兰贸易的商人许心素一样称之"我们的朋友"（《荷兰人在福尔摩沙》）。估计是为官之后的郑芝龙在贸易方面为他们提供了许多方便的缘故。

这位闽海枭雄的政治生涯至少表面上看起来很不光彩，他没有什么气节，基本上是墙头草。作为南明唐王小朝廷权倾一方的官员，他不顾儿子郑成功的劝阻，很快被清廷招安，很快就被杀，原因之一可能很简单，他太强大了，强大的郑芝龙为官仍然不脱却唯利是图的商人本质。之后他的中日混血儿子郑成功，以鼓浪屿为中心（实际上是以闽南为中心）屯兵，一时也控制了闽粤海权。郑成功旨在反清复明，与当时窃居台湾的荷兰人仍然有密切的生意往来，但他对"红毛番"的态度，的确比他老子强硬得多。

关于郑成功，马特索科尔有这样一段叙述："……他依靠海上贸易、四处抢劫和敲诈其部属使其势力壮大，不仅增加了他的威望，而且其权势与日俱增，将沿海地区置于他的控制之下……"无论如何，同样"富可敌国"的郑成功与他的老子恰好相反，从不搭理清政府抛过来的媚眼，抗清失败，他宁愿退居台湾，客观上将荷兰人赶出"福尔摩沙"（台湾）。

其后施琅收复台湾，清朝闭关自锁几百年，鼓浪屿基本上恢复了闽南渔村风貌。正如笔者在一篇文章里写的那样："鼓浪屿一百多年前还是炊烟袅袅的闽南小渔村，奇岩怪榕，夏日里，不时有台风呼啸，千年夫妻船悠悠漂泊，傍着喜怒无常的大海讨食。郑成功的水操台下有国姓井，也有些寻常庵庙，寻常的田园屋舍，有些寻常的人家过着寻常的日子，19世纪初，炮声从远处咆哮而至，为洋人轰开这小岛的大门……"

这是众所周知的鸦片战争，英军在 1841 年到 1842 年公然入侵鼓浪屿。当时鼓浪屿流传着这样一首民谣："炮仔红吱吱，打城倒离离。番仔反，鼓浪屿作公馆。番仔爬上山，城内任伊搬。"懂闽南话的人可以看出战斗相当激烈。激战之后，有 550 名英国士兵盘踞在人烟相对稀少的鼓浪屿，炮位设在复鼎山上，主要目的是控制厦门，英国政府派舰长纪里布担任英国驻厦门领事馆首任领事，领事馆也设在鼓浪屿。根据中英《南京条约》规定，一旦清政府还清赔款，建立通商口岸，英军就必须撤出鼓浪屿。

但英国人似乎对这个风光旖旎的翡翠岛屿格外"垂青"，他们的确更愿意以"鼓浪屿作公馆"。当时鼓浪屿行政区域是一个保，归厦门和凤前后社管辖，叫"鼓浪屿保"。英军入侵当年，小小的"鼓浪屿保"曾经遭遇一场可怕的热病，死亡人数过百，英国人被

荷兰人袭击中国帆船 （图片来源：《荷兰人在福尔摩沙》）

瘟疫吓坏了，很快将领事馆迁移到厦门道台衙内，但事实上没有多久，也就是 1844 年初，首任领事离职，第二任领事阿里国在鼓浪屿修建第一座领事馆楼。从此英领事在鼓浪屿住宿，在厦门道台衙办公。

1845 年初，鸦片战争最后赔款付清，英军撤出鼓浪屿，他们留下来的炮台、营址和骑楼等一时被鼓浪屿真正的原住民愤怒地捣毁，连英国人留下的道路都被铲平，恢复农田。原住民们当然也想恢复原有的生活状态，但这已经不可能了，从 1860 年开始，形形色色的"红毛们"，陆陆续续又迁入鼓浪屿。1865 年，岛上就有了英国，美国、西班牙领事馆，他们占据景致最好的山头和丘陵，修建欧式楼台别墅。

19 世纪中叶以后，在鼓浪屿居住的外国人主要是外国领事馆官员，以及与他们息息相关的洋行经理和大写，西方传教士和晚清闽海关税务司，特别是 1862 年厦门新关成立后，也叫洋海关，因为当时清政府聘汉语流利，熟悉中国国情的英国人赫德为中国海关总税务司，赫德聘用了"数百名洋员（主要是英国人）和数以千计的华员下属"。作为重要口岸的厦门海关新关的 43 位税务司（相当于现在的关长）竟有 42 位是洋人。其中有一位叫巴尔的英国人很有意思，他 1887 年进入中国海关，1903 年任西藏亚东代理税务司，甲午中日战争时居然协助清军作战，巴尔 1912 年在厦门海关任职时被选为工部局董事。

工部局当然是所谓殖民地的产物，1840 年鸦片战争后，英国人"永暂住鼓浪屿"，但其实厦门最早租界是位于鹭江道上的英租界。后来，为了寻求更优良的居住环境，大部分洋人才陆续移入蕞尔小岛鼓浪屿。19 世纪末，岛上大约有 10 个领事馆、6 所洋人办的教会学校、小型船坞、邮政局、电报局，洋行和洋人经理住宅 24 所，300 多个洋人，还有鼓浪屿真正的"原住民"四五千人。在洋人入侵之前，除了少数大户人家，普通百姓种地，讨小海，的确与闽南其他地方的农民或渔民没什么两样。

那时鼓浪屿人口不会超过 5000 人。

1903 年鼓浪屿公共租界工部局成立。工部局实际上是美国人在日本人与英国人的矛盾之中趁机策划渔利的结果，其中还有清政府主动的因素，说起来当然还是耻辱，但无论如何，工部局成立后，在鼓浪屿逐渐建立一套相对理性的社区管理体系。历史地看来，得承认鼓浪屿在工部局的管理之下井井有条，治安和卫生状况比闽南其他地方甚至是厦门岛内好得多，随着人口素质的提高，岛上原有的陈规陋习逐渐改变。最值得一提的是：1908 年鼓浪屿纳税人会议正式通过禁毒决议，在 1902—1911 年的海关十年报告中，工部局董事、海关税务司巴尔是这样叙述的："1910 年3 月间，鼓浪屿万国租界内的约 12 家的鸦片馆关闭，并被禁止再出售鸦片。"

一系列相对强有力的措施，使得鼓浪屿生活环境和人文环境大大得到改善。这正是后来吸引华侨和台湾富绅大量在这里定居的主要原因。在巴尔任海关税务司的 10 年里，"中国人口增加一倍多"，他是这样叙述的："许多移民取得成功，带着他们积蓄的钱财返回故里。这些幸运儿盖起了新式的、条件改善的楼房。在鼓浪屿，最好的大厦是属于那些有幸在西贡、海峡殖民地、马尼拉和台湾等地发迹的商人巨贾所有。"

进入 20 世纪，洋人渐渐减少，有实力的华侨和台湾富绅逐年增多，这就是鼓浪屿与其他租界不太一样的地方。不过鼓浪屿毕竟太小，黄金时期虽然也有一点实业，但并

鼓浪屿外侨居住证 （白桦供稿）

不是经商的"黄金宝地"，主要是相对高档安全的住宅和娱乐小区，比如万国俱乐部等等。四海漂泊的洋水手可以在鼓浪屿放浪形骸，而一年四季住在这里的洋行大班们则天天要坐船渡海到厦门上班。从某个角度说，鼓浪屿居民华洋混杂，华侨眷属绝对占多数，相对远离商战硝烟，因为工部局相对理性的管理，与典型的消费城市厦门相比，鼓岛上畸形消费的销金窟相对少些，这可能是鼓浪屿后来文化发展与生硬的"洋泾浜"文化、低俗的市侩文化迥然不同的原因之一吧。

早期鼓浪屿公共租界工部局有点像八国联军，英德美日法荷兰，早期华董是祖籍龙海的台湾富绅林尔嘉，他是"华人纳税者会"推举出来的。中后期工部局华董逐渐增多，和上海租界不同的是鼓浪屿选华董无须完全以财产论，当然，华董多半是有地位的富绅或禀赋优异的华人"职员头"。比如林尔嘉和黄奕住等，比如历任厦门大中轮船公司经理、鼓浪屿中华电灯公司经理，后来被黄奕住聘去做大管家的黄省堂，还有林尔嘉的儿子、化学家林刚义等等，他们甚至大部分不是基督徒，比如世居鼓浪屿，毕业于英华书院然后留校任教，曾经出洋考察的黄省堂，就是鼓浪屿以道为主、兼奉佛法，著名的"了闲道社"执事之一。

"了闲道社"是供奉娄真人和其他真人还有观世音菩萨的，从属于福州了闲道社分坛的社团。鼓浪屿这些有一定文化底蕴，经济实力十分雄厚的华董与工部局中的洋人互相牵制同时还互相磨合，所以说，中后期鼓浪屿工部局，未见得全然代表洋人的意志。

当然，说早期鼓浪屿是洋人或富人的"天堂"是可以的。当年工部局在美华和港仔后设置了一些凉凳，就指定只供洋人休憩，不许中国人享用，为此血气方刚的英华书院学生经常与印度巡捕（俗称"马答仔"）发生冲击，一度还酿成学潮。供奉保生大帝的"大宫"对面就是"番仔球埔"，也就是洋人们的足球场，早年是不准华人进去的。林语堂先生从平和坂仔坐"夫妻船"到鼓浪屿

读养元小学时不过是 10 岁的"赤足童子",他后来是这样描述的:

> 在鼓浪屿有一个运动场,场内绿草如茵,其美是我们从未看到过的。每有战舰入口,其铜乐队即被邀在此场演奏,而外国的女士和君子——我希望他们的确是君子——即在此场中拍网球,而且喝茶和吃冰激凌,而其中国细崽衣服之讲究洁净远胜于多数的中国人……

黄猷先生说,林语堂笔下所谓的"中国细崽",即"西崽",是专门服侍洋人的 Boy,一般中国人大概是不能进入的,据他回忆,"番仔球埔"当年的确插着一块牌,上面写着"狗不得入内",比上海滩那个臭名昭著的牌子相对要含蓄些。此外,被华人称为"球间"的万国俱乐部,"除了华人之外,不论何国人士、儿童皆可进场游玩"。可能除了传教士和他们创办的医院、学校的供职人员,当时居住在鼓浪屿的大部分洋人高高在上,与华人犹如油和水调不到一块是肯定的。不过估计后来这种情况有所改善,比如台湾来的富绅林尔嘉的菊花会就常常邀请洋人,据说他有一个妾是法国人。

风流倜傥的林尔嘉是鼓浪屿第一位购进钢琴的中国人。

自幼在鼓浪屿接受西方教育的林语堂说,当时在鼓浪屿的洋人,"可分为三类:传教士的白衣,清洁无瑕和洗熨干净;醉酒的水手在鼓浪屿随街狂歌乱叫;其三则为外国的商人,头戴白通帽,身坐四人轿,随意可足踢或拳打我们赤脚顽童……"

水手因粗野而无礼,商人因骄奢而忘形,后两类洋人在其他"五口通商"口岸上也是常见的,一些洋人在鼓浪屿和厦门挥金如土,因为他们钱来得太容易了,不过,一样米养百样人,洋人当然也是性情各异,还得分个三六九等,具体人还得具体分析。

西方商人当然为利而来,厦门被迫开埠,满清官员采用"制夷而足以服夷,息事而不至于生事为要……"的做法,同时因为贸易逆差,居然以苦力输出来弥补,19 世纪中叶,厦门成为输出

100年前的鼓浪屿"德记"洋行　（高振碧供稿）

自幼在鼓浪屿接受西方教育的林语堂和他的一家

契约劳工的主要输出港口。当然，与两三百年前荷兰人以血腥的武力强行掠夺人口有所不同，这个时期的苦力输出，其实也分三六九种。

1845年英国商人在鼓浪屿成立的德记洋行，"利用身兼西班牙、葡萄牙和荷兰三国驻厦门领事的外交特权，雇佣了一批当地人，到附近农村招收劳工，将非法招募的劳工藏匿在洋行的地下室，等到有外国轮船出港时偷偷送上船，隐蔽在不见天日的底舱，以躲避海关的检查"。（李启宇《厦门史略》）李启宇先生认为这种劳工基本上可以称"偷渡劳工"。

这就历史上臭名昭著的"贩卖猪仔"。

1860年之后，清政府先后与列强签订在中国招工的相关章程，合法的"契约劳工"更是给贩运者带来丰厚利润。闽南人自古就有出洋的习惯，1893 年后，南洋的海峡殖民地放开对外国移民的限制，更多的闽南贫苦农民自愿通过遍布厦门的船头行和岷栈出洋。

这些"爱拼才会赢"的闽南汉子，赤手空拳在南洋创造了巨大财富，19 世纪末尤其是 20 世纪初，巨额侨资源源不断流回厦门。这时厦门英租界已经洋行林立，其中还有一些是加入英籍的中国商行，外汇买卖成为各洋行和民营侨批局的主要业务，这是一块很大的蛋糕。这里根据曾经在荷兰安达银行做过几十年高级职员的黄河源先生回忆文章列举一二：

荷兰安达银行厦门分行既是银行、领事馆同时还是船务行。分行的经理就是荷兰驻厦门的领事，这是荷兰政府指定的。亚士坚是安达银行厦门分行的开山鼻祖，曾经当过爪哇安达总行副经理，当时荷兰安达银行厦门分行中，荷兰人只有两个：经理和大写（秘书之类），其他都是中国职员。

早年鼓浪屿"河仔下"码头 （陈紫微供稿）

安达银行写字房里的中国高级职员月薪最高大概是200～300元，相对厦门当时的其他行业，已经是天文数字了。亚士坚，这位总领事兼银行经理的月薪是7000元，岁末还有丰厚的奖金，而20世纪初，1个银元就足于让穷人一家过好一阵子了。巨大的收入差，不但让住在鼓浪屿的洋人过着养尊处优的生活，相对优厚的待遇，还吸引了大量华人在洋行工作。

黄河源先生是这样叙说的：

荷兰人与写字房里的中国职员相处颇好，只要能照章办事，他们是不大管你的。有时结账加了点（作者注：原文如此，加班的意思），他们还会特备一大堆西洋点心给加油。有一次，一笔很难算的账，荷兰人弄了好久算不出来，被我算了出来，他们特地送我100元以资奖励……

据黄河源先生说，荷兰人亚坚士个人办事能力和活动能力并不十分突出，大概属于按部就班、有点呆板的那一类，他无非是照章办事，准时上班，准时向总行写报表，规规矩矩，所以"深得总行信任"。亚坚士一家4口，住在安达银行出钱租的双层别墅，"豪华而富丽。侍候这4个人的有7个中国人，他们是：一个伙夫、两名轿夫、一个园丁、一个保姆、一个女佣、一个童工"。鼓浪屿西式建筑多半有地下室，地下室住的就是仆人，等级森严却似乎相安无事。

亚士坚颇染了些中国达官贵人的派头，"每天办公都是坐轿子到码头，然后由行里自备汽艇载到厦门"，9点准时到厦门安达银行上班，下午4点半后到鼓浪屿洋球室玩乐至深夜，除非散步，否则基本上脚不点地。

亚坚士太太是英国人，贵族习气浓厚，"吃喝玩乐很有讲究"。洋人在中国，受中国人影响也是多方面的，这位太太在短短几年居然迷恋上中国麻将，聚赌成性，有时竟将"丈夫的钱输光了，还得向她的娘家借钱"，这一家子的钱大概是来得快去得也快，属于高消费的那种。

他们的钱来得实在太容易了。

1927年，墨守成规的亚士坚被安达银行自家买办玩了一把，他们伙同安达厦行内部高级职员做投机生意失败后用空头支票倒账，大部分中国职员都卷进去了——荷兰人这个哑巴亏实际损失高达120万元，是安达厦行资本的两倍。经理亚坚士和大写卫士灵被调回爪哇总行处理，经过如此重创，"来头大，业务好"的安达厦门分行居然看上去毫发未损，照样营业，事后唯一没有被开除的，在安达工作了27年的黄河源先生说：

"因此，不难看出安达厦行的历年收益有多大！"

安达银行在厦门的巨大收益主要与厦门是闽南华侨青睐的宝地有关，倒账事件过后，接任亚士坚的伊士礼是入了荷兰籍的犹太人，同样作为总领事和总经理，精明刁钻的伊士礼"日常生活比亚坚士简朴得多"，生意方面则是难得的一把好手，他擅长抓大放小，将报表之类的例行公事一概让秘书去做，他自己则腾出手来全力以赴做外汇业务。

外汇业务是安达在厦门的最大业务。当时的外汇买卖主要由电报交收，这样的电汇吸纳了大量荷属地区的侨汇，买进卖出差价每千元就有十多元，外汇行情起落常在关键一刹那，"瞬息之间往往可以大捞一把"。

安达与丹麦在鼓浪屿的大北电报局关系不一般，据说别人半个小时才能知道的消息他们几分钟就得到了。利用大起大落的行情大吞大吐，外汇买卖对象是厦门华人的钱庄和银行，其利润非同小可，当时安达始终是厦门外汇行情最灵通的银行，他们唯一对手是英商汇丰银行。

黄河源先生说这位总领事每日必到汇丰银行去聊天应酬，实际上是去抢生意。"行里经常指定一个专人，在固定时间把外汇行情用电话打到汇丰银行去通知他，这使他能知己知彼，随时套取汇丰的外汇，以及抢走汇丰的生意。日子一久，汇丰的英国人对他这一手加强了防范，然而他滑得像玻璃珠一样，捉摸不定，汇丰还是经常被他压得喘不过气。"

伊士礼同样受到安达总行重视，薪资 6000 多元，仅次于开山元老亚坚士。因为生活简朴，调走时带一大笔款子离开厦门……当时厦门这类洋人很多，作为使馆常住官员，他们同时是生意人，又不是一般意义上的商人，他们实际上是殖民政权的高级官员，是拿薪水的，当然是高薪。这样的高薪，使得他们在鼓浪屿过着相当惬意的生活。

当时厦门和鼓浪屿还有一些洋人是纯粹技术雇员，大部分人有相当良好的教养。比如曾经无偿为三一堂修改图纸的，没有留下姓名的，"来厦门筑堤的荷兰总工程师"；比如在教会学校教书的一些雇员，而他们的后代多半非常出色，据何丙仲先生考据，1956 年诺贝尔物理奖获得者布拉顿"1902 年 12 月 10 日生于中国厦门，布拉顿幼年生活在鼓浪屿，父亲是鼓浪屿教会学校的教员……"

当年鼓浪屿有个公开的"洋人纳税者会"，还有一个地下帮会组织"共济会"。笔者懂事的时候，在供奉保生大帝的"大宫"（兴贤宫）、番仔球埔和民用四眼井之间，有一幢美丽洋楼颇为神秘，这就是正道院。用英国牧师麦嘉温的话说，是"有艺术外表的建筑"。笔者儿时走过这哥特式建筑特色的正道院总是小心翼翼，似乎嗅到一丝丝神秘气息，至少，山墙上的标志很奇怪。年代久远，究竟怎么奇怪已经说不清了，还是引用新加坡国立大学陈煜教授的文章来说明吧：

正道院山墙上的共济会标志，是由经典、方矩和圆规组成，象征了共济会精神，这三样器具不但象征了共济会与石工的渊源，也代表了共济会思想中对自我完善的要求……

据说这个符号可能"由印度古代坦陀罗教的象征符号六芒星变化而来，曲尺代表六芒星向下的正三角形真理，而分规代表向上的正三角形道德，两者的结合代表阴阳调和、真理和道德的和谐、行动和节制的规范，从而完成伟大的作业"。(《维基百科》"共济会")。

鼓浪屿正道院是厦门共济会洋人们行使秘密典仪的旧址，他们祭祀搁在暗室里考究棺木中的骷髅，以至于当年到此地搜查的日本士兵"呀的惊叫起来"，以为此地发生了凶杀案。这是一具用红布包裹起来的骷髅，经过防腐处理的骷髅下方两根大腿骨交叉放置，有如毒药瓶上的警示标记。不知这具特别的骷髅是不是共济会始祖海勒姆的象征？相传他是建造耶路撒冷神殿的重要石匠之一，被三个妒忌他地位和技能的工匠所杀，但不久就复活了。

这个历史悠久的洋人秘密帮会，有时也叫"兄弟会"，吸收"年满18岁以上的男性，身心健康有坚定的信仰"，共济会不接受任何残疾人，有意思的是入会的人无须同一宗教信仰，只要是有神论者就行，共济会将不同宗教、不同政治立场和社会背景的人

鼓浪屿正道院　　(高振碧供稿)

融于一堂。当然你要参加必须接受老资格的共济会员的推荐，还必须保密——各个级别都有暗语和手势，不得透露其他会员的身份，早期还需要严守共济会内部秘密——共济会员之间相处如兄弟，行事做派则神秘低调。他们培养博爱精神，探讨人类生存意义，致力于建立和平理想的国家。

起源于 18 世纪欧洲（一说是 17 世纪英格兰与苏格兰）"自由石工"的共济会与历史上的启蒙运动血脉相连，他们早年致力于传播牛顿和机械哲学，从行业协会到秘密帮会组织，从秘密帮会组织又到逐渐公开的带有乌托邦色彩的政治团体，共济会的宗旨似乎经历了相当漫长的历史震荡。他们规定所有的人员必须是有神论者，追求普遍的宗教信仰，将上帝看作宇宙的设计师，认为宗教应该根植于原始人类的感觉与信仰，希望借此能改善基督教中的教条。近代西方社会改革进程中，共济会至少起了推波助澜的作用。强调道德和操守的共济会牵涉到历史上许多大名鼎鼎的人物，比如莫扎特、罗伯斯比尔、以华盛顿、罗斯福等为代表的十几个美国总统——"北美独立运动的先驱者几乎全部都是共济会成员"！

"当年厦门共济会员人数众多"，陈煜教授是这样叙述的，"早在 1878 年就开始在鼓浪屿筹建会所，这一请求在同年 12 月获总部批准。为此成立了信托委员会和建造委员会，建造费达 6000 块银元……"

就当时的物价来说，鼓浪屿正道院造价不菲，估计与内在的神秘装修有关。当时在厦门的许多洋人出于政治目的加入这个组织，鼓浪屿共济会主要成员是住在厦门的外国人，大部分来自海关税务司，还有一部分是来自福州、高雄和上海的船员。据房建昌先生所说，这个秘密帮会"无害于当地西人社团"，实际上当时西人社团的精英往往同时就是共济会的领袖和骨干，"西方要人成员大致近 20 人，有工部局总监、领事、校长、大学教授、电信分

第一章 洋人，多重过客的足迹

15

公司经理、海关关员、领航员等"。厦门的共济会是"颇富民众性的组织",他们"热衷于慈善事业",一些人还致力于闽台历史文化研究。

抗战期间,鼓浪屿正道院受到日本人严密监控。珍珠港事件后,日本人公然进入正道院搜查,不但发现红布包裹的骷髅,还在共济会监督罗伯特的床头柜中发现电台,日本人认为这是间谍工具。据说当时有一些青年男女在共济会里学英文,他们手上带有骷髅和大腿骨交叉的银指环,显然当时鼓浪屿共济会已经不单单是洋人,他们和当时厦门华人团体蓝衣社也有相当密切的联系。

黄猷先生回忆说,鼓浪屿正道院当年由一个姓王的人管理,"王没有儿子,有7个女儿",如此庞大的一家就住在正道院的地下室……福建有两处共济会会址,其一在福州马尾,二就是鼓浪屿正道院。黄猷先生说共济会的确不完全拒绝华人,当年菲律宾一些华人就参加了共济会,他的姑丈林秉义就是共济会员,而鼓浪屿正道院确实有电台,开始由洋人操纵,后来有华人青年参加,1939年到1940年太平洋战争前夕,"这里不时传出战争的消息"!

房建昌先生认为"作为英美系的共济会,当然是要抗日的"。有人认为当年厦门共济会暗杀了擅自为日本人领航的共济会员英国人巴特列尔,因为他违背了共济会的指令,不知当年轰轰烈烈暗杀日本人和汉奸的厦门华人血魂团,与洋人的共济会有没有瓜葛?!

# 第二章

## 传教士，
## 不仅仅是宗教麻醉

    应该说近代进入中国的西方传教士是相当复杂的，早期有的是商人，有的是外交官或翻译，后来更多的是医生和教师，大部分是受过良好教育的人。19世纪末，欧洲医学刚刚从中世纪浓厚的巫与术士色彩中脱却出来，传教士和医生还常常融为一体，但从某个角度来说，说一些传教士当时代表了最先进的科学技术是不为过的。

鼓浪屿安献堂 （泓莹摄）

当年闽台传教士马雅各肖像（来源：《法国珍藏早期台湾影像》）

鸦片战争后，基督教在华传教由非法变成合法，早在1842年，美国传教人员就随着英军进入鼓浪屿设立教会了。与早期荷兰人不同，这时在闽南活动的多半是新教基督教的教士们，长老会是"受加尔文影响最深而衍生出来的基督教新教派"，很显然，19世纪下半叶，一些传教士在福音运动的影响下，力图通过复兴宗教达到改良社会的目的，他们背井离乡到异国传教，与300多年前，在闽台（主要是台湾）地区，身兼多职，素质低劣的荷兰传教人员还是有一定差别的。

英国长老会1851年在厦门成立了传教中心，一些传教士在南洋传教的时候就学会了闽南话，到厦门后努力学习中文，并深入民间，广泛接触普通百姓，闽南乡间早期信徒多半是穷苦人。事实上早年鼓浪屿商绅与官绅信仰基督教的人就不多，早期在鼓浪屿工部局能与洋人互为犄角的，有地位的富绅多半不是基督徒，闽台两地时常发生的教案纠纷，更说明了中国普通百姓对洋教的排斥心理，但西方传教士们"以行医为掩护"，边行医边传教，比较容易获得底层百姓的好感与信任。面对死亡和疾病的威胁，中国人"或许会质疑十字架的意义，却不会漠视手术刀的效果"（《台湾基督教简史》）。

传教士们在闽台各地创办医院、学校、出版书报甚至创造一款适合文盲阅读和吟唱的"白话"文字，这款文字至今仍在闽南教会中使用，因为，只要会说闽南话，略作点拨，一周之内完全可以学会阅读。

白话的发明者罗啻是美国传教士。据说罗啻来鼓浪屿后，首先将简易的《圣经》用"白话字"印出来，夫妇俩亲自教学，后来美国传教士打马字也参加教学并一起将这款简易文字完善起来。据说当时打马字一周要上四个晚上的课，而他的两个女儿后来都在鼓浪屿从事妇女教育活动。

打马字的女儿马利亚·打马字，是著名的毓德女学首任主理，早年的毓德女校脱胎于田尾女学，以招收漳、泉乡村女学生为主，全部寄宿。这个学校初期以教读圣经为主，有趣的是汉语教材居然是四书，算术教材则是教师自编的……

鼓浪屿毓德女学校局部　（泓莹摄）

19 世纪末和 20 世纪初，鼓浪屿是福建教会学校的中心。

说中国近代教育尤其是女性教育起始于教会学校是符合历史事实的。鼓浪屿可以说是中国近代教育的摇篮之一。1844 年，鼓浪屿就有了"福音小学"，后来，由英美传教士创办的形形色色的教会学校，多半也集中在鼓浪屿。这里包括 1925 年搬到漳州芝山的寻源书院，即后来的寻源中学，这是林语堂先生的母校，当时在东山顶，林语堂在鼓浪屿读书应该是 1905 年。后来寻源书院搬到漳州，这里就成为毓德女中的校舍，教会学校的介入，使得鼓浪屿的"闺秀教育"特别耐人寻味。

以前闽南有溺死女婴的陋习。

陋习起源是贫困和重男轻女的传统观念。在闽南，对女孩儿有许多奇怪的昵称，"半丁"、"半天娘子"等等，"半天娘子"带有一点戏谑的意思，意即现在常人说的"三八"，丁指男丁，在传统观念里，女人只能算半个人，半个也还算客气的，有时简直就不能算人，即便是大户人家的千金，大字不识一个也是很常见的。那时再冰雪聪明的女孩，都只能裹了小脚，锁在深闺"待价而沽"，想要私奔，比她的大脚丫头麻烦多了！一些窒息人性的事件现在听起来像笑话，但这不过是 100 多年前的事儿。

传教士们用轿子从各地将裹足的女人们抬到鼓浪屿读书。最早的美国人办的"田尾女学"和英国人办的"乌埭女学"，经历百年风霜，最终形成颇具特色的毓德女中和怀仁女子师范学校。在一个"女子无才便是德"的古老帝国里，这当然是闻所未闻的事儿。

闽南女孩的祈盼 （何敬真1935年摄）

20世纪30年代师范学校女生　　（何敬真摄）

与田尾女学有着直接血缘关系的"妇女福音堂"，始于1886年，这大概是专为已婚女信徒办的扫盲学校。当时的学生，最年青的20岁，最老的则70岁了。妇女福音堂初办只有18位学生，最高峰是200名，大部分学生来自漳州、同安和厦门郊区。

笔者的曾外祖母曾经就读于这个学校，回漳浦官浔老家后，算是有文化的人了，操持家务之余，协助夫君行医。耐人寻味的是他们研制的治疟疾的"特效药丸"就有西药奎宁的成分……这些"吃教"的，年龄参差不齐的"女学生"接受了早期男女平等的观念，她们的后代一般男女都有受教育的机会。当然，女生的教育多半还是局限于师范、幼师、护士学校等。

教会要求这些女生必须抛弃缠足的陋习，她们和她们的后代当然不裹脚了。抛弃裹脚布健康做人，20世纪30年代初，娴雅美丽的师范女生和白衣天使，是鼓浪屿和集美学村一道迷人的风景。

《中国人生活的明与暗》一书的作者麦高温（一译麦克戈文）是英国传教士，他精通汉语，早在1874年就倡议组织了"厦门戒缠足会"。据说这是中国历史上第一个反缠足组织，一开始艰难无比，签名参加的中国妇女只有40多人，到1891年才超过1000人，与会者要立契约，契约一撕两半，一半立约者保存，一半存于会中！中国女人抛却裹脚布的时间比男人剪辫子还早，从某个角度来说也更难，所以哪怕只有1000人，也算得上是丰功伟绩了。后来者，也就是当时走遍全中国倡导"中国妇女天足会"的立德夫人是这样描述的：

20年的成果相当令人满意，女基督徒已经扔掉裹脚布，穿上简洁的布鞋……（她说当时厦门的道台是满族人），他也出席了我们在俱乐部剧场组织的集会，并对裹脚的妇女深表同情，还赞扬了我们的工作。出席的还有几位英国总领事请来的中国官员和有钱的中国人，其中几位很慷慨地捐了钱，签名加入天足会，并答应给予我们充分的合作。道台甚至愿意替我们在全城张贴张之洞有关反对裹足的话。为妇女们举行的集会可就没有这么圆满了。会址在一座满是外国别墅和花园的小岛上，与中国人聚居的城市间隔着相当宽的大海。中国人本不爱出门，在这动荡的日子里，跨海去外国人的别墅对这些中国人来说可不是好主意。

这是一段饶有兴味的叙述，可以看出虽然成绩"相当令人满意"，参加天足会的妇女仍然寥寥无几。另外，我们可以看出天足会为妇女们举行集会的地方正是鼓浪屿，那时在厦门的洋人多半居住在鼓浪屿。所谓的有钱人，可能指诸如廖悦发、陈天恩等最早在鼓浪屿修筑花园洋房的中国人，他们都是基督徒。

陈天恩，就是林语堂先生终生痴恋的鼓浪屿小姐陈锦端的父亲，他是鼓浪屿救世医院首届华人医学生。鼓浪屿救世医院医学专科学校最早的学生还有黄大辟、高大方、林安邦、陈伍爵，总共五人。从他们的年龄和史料记载看来，他们跟郁约翰学医可能是在1898年之前，也就是说，应该是在鼓浪屿燕尾山河仔下郁约翰亲自设计的救世医院新址落成之前。他们五人和郁约翰有点像旧时代的师徒关系，但这毕竟是一个良好的开端。

陈天恩生于1871年，1954年去世，享年83岁，福建南安人，原名泽罩，可能是信教之后才改名天恩。小天恩5岁丧母，他的父亲出外工作，做什么暂时无法考据。他"待人诚恳公正，做事勤劳尽责，有好名声"。好名声不是凭空而来的，过于忙碌的父亲当然没法顾家，小天恩是跟笃信基督教的伯父长大的，他们一家在1856年信教，毕竟当时信"洋教"的人不为乡民所理解，他们后来被本乡人讥讽攻击甚至是驱逐，只好离开南安东滨迁至安海，一度生活相当贫困。

陈天恩18岁就读于救世医院，毕业后仍在救世医院做郁约翰的助手，从此定居鼓浪屿，行医传教，兴办实业，视野开阔的陈天恩渐渐成为厦门地方名士。

有趣的是，在厦门商会议董和会员名单里，陈天恩的经营业务是"西医"，资产一栏则打了个问号。陈天恩留下的财富恐怕不是用金钱可以计数的，估计他创办的"厦门陈天恩医药局"，也未见得完全以赢利为目的。与一般闽南商人普遍重视投机有所不同，陈天恩的创业更具前瞻性，

郁约翰（来源：百度百科）

陈天恩肖像（图片来源：厦门基督教青年会）

他不靠钱庄敛财，而是积极参与筹建、兴办各类现代企业，也就是说，他是做实业的，物质精神两不误，他还做过私立学校生物教师，还是厦门基督教青年会首任会长。他担任青年会会长6年，另一说"在竹树脚教堂当了50年的长老"。

陈天恩早年就追随孙中山，1916年袁世凯称帝，40多岁依然血气方刚的陈天恩毅然参加二次革命，结果被全国通缉，跑到菲律宾避难，后来才又回到厦门。著名的淘化大同实业有限公司就是他和廖悦发等人创办的，他做的实业还有厦门电力公司和福建造纸厂等等。

从有限的资料中我们不难看出，这是一位思想前卫，孜孜研究新思想和新技术的爱国实业家，同时还是精神物质两不误的，杰出的社会活动家，他留下来的，当然不仅仅是物质财富，用黄猷先生的话说，陈天恩是当时厦门地区代表新思想新技术的先驱。20世纪初，鼓浪屿这一类的"原住民"不在少数，可惜因为种种原因被屏蔽，如今我们已经"难觅芳踪"。

陈天恩的孙辈陈巽美是这样回忆的：

……祖父育有8女9男，在祖父的时代，中国社会允许一夫多妻，他却不受世俗影响，祖母每年都获（被）教会选为模范母亲。现在我们的家族共有230人，散居世界各地。

这就是说当时富甲厦鼓的新派名流陈天恩不像其他富豪那样挥金如土，妻妾成群。这当然不奇怪，信基督教的人再有钱都是不能娶妾的，大部分教会中人日常生活是相当有节制的。鼓浪屿救世医院创始人郁约翰在日记中谈到自己学生时有一段话：

其中有一人很可能是整个地区最有影响的基督徒，他现在和过去都是教会的年长者、厦门市政会和华人议事会的成员，也是教会内外多种慈善组织的成员。尽管他是名人，然而常常看到他在星期天走好几里路到聚会所，为在那里（的）祷告者进行传道。

郁约翰这里可能指陈天恩。很显然，陈天恩的一生将大部分

郁约翰和他的中国"粉丝"们　（高振碧供稿）

精力用在社会公益活动上面。1922年，他"鉴于当时南安东滨乡的村民非常贫困，没有受教育的机会，又认为国家兴盛，人民必须受教育"，在南安东滨创建"泽覃学校"。他的骨殖最终葬在故乡南安。

笔者母亲曾经与陈天恩的儿子同事，她说陈天恩的家族是很有教养的，也许这正是陈锦端如此娴雅迷人，引得林语堂痴迷终生的缘故。据说陈天恩当时是嫌林语堂的宗教信仰不够虔诚，他本来愿意资助林语堂出洋留学，不过他希望林语堂读神学，正处于精神上叛逆期的林语堂当然不愿意，林语堂既不愿意，笃信基督教的陈天恩又怎么会将女儿嫁给他？

那时，美丽娴雅的鼓浪屿女孩，尤其是大家闺秀，其实是没有自由恋爱的自由的。林语堂痛失"生得美丽无比"陈锦端，未必完全如他自己所说的，陈天恩"要给锦端钓金龟婿"，他实在太不了解陈天恩了，著名的大师当然也有天真片面和一相情愿的时候。关于林语堂与鼓浪屿陈家廖家的故事，许多老鼓浪屿人还有许多形形色色的不同说法，未经核实不敢妄言……

黄大辟，是鼓浪屿救世医院唯一中国籍院长黄桢德先生的父亲，20 世纪 30 年代曾是林遵行先生等创办的鼓浪屿私立医院的董事，黄家在鼓浪屿是著名的医生世家，他们家族至今仍然居住的"船屋"，据说是黄大辟请自己的老师郁约翰设计的。有意思的是黄大辟后来居然在建筑设计上也有所造诣。

朱鸿谟先生有关三一堂建筑始末的文章中有"黄大弼医生担任设计"一说，原来黄大辟的哥哥黄义甫是教会中人，30 年代初，邀请还在救世医院任职的胞弟一起参加鼓浪屿三一堂筹建，黄大辟担任三一堂的建筑设计，大有乃师郁约翰的风范。当然黄大辟主要担任总体规划，具体图纸是留德工程师林荣廷义务设计绘制的，后来还有未知姓名的"荷兰总工程师"修改了扩建图纸。

鼓浪屿救世医院全景（何会珠供稿）

郁约翰日记中还有这样一段话：

另一毕业生已在救世医院担任了 15 年以上的研究者和助手，一个比较忠实正直的基督教徒和善良的朋友是难以找到的。虽然他曾担任过年薪至少是

百年救世医院与重修的郁公纪念碑（泓莹摄）

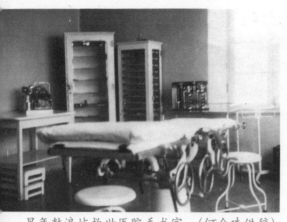

早年鼓浪屿救世医院手术室　（何会珠供稿）

一千美元的职位，但他愿意留在医院每月赚15美元工资……

不知这位老师指的是哪位学生，黄大辟还是陈伍爵？不得而知。陈伍爵也曾经长期在小溪救世医院分院厦门竹树脚保赤医院工作。无论如何，医生是令人羡慕的职业，在鼓浪屿，医生的太太通常被称为"医生娘"，比如廖医生娘、温医生娘，可见那时医生受人尊敬的程度。

根据现有的未经考据的资料，鼓浪屿救世医院应该是福建省首家初具规模、规范管理的西医院。最早院址在平和小溪，小溪的救世医院与在厦门竹树脚的保赤医院其实都有着血脉相连的关系。这些与教会一并产生的医院学校之类的，以前一概认为是与宗教一起进入中国大陆的文化侵略，然而客观审视下来，不可否认这种所谓文化渗透同时亦带来现代西方文明的传播。

或者说，在落后的旧中国里，这些教会医院或学校实质上传播了人类近代飞速发展的科学技术？！

早在救世医院迁到鼓浪屿之前，传教士就在鼓浪屿开了一些西医诊所，其中有不少以闽南为研究基地的科学家，比如曾任厦门海关关医的英国人孟逊（一译曼森），后来就专门在鼓浪屿研究热带病学，两次发现丝虫病的蚴虫，并找到了对付麻风、疟疾等恶疾的办法。孟逊著有《热带病指南》，1886年，他创立了"香港医学院"，孙中山就是这个学校的学生，1898年孟逊又开设了"伦敦热带医学校"，就当时来说，成绩相当大。

而后来在台湾名气很大、创办台湾第一家西医院的马雅各，是爱丁堡大学医学专业的优秀毕业生，曾经在柏林和巴黎等大学继续深造，"不仅在病人中享有声誉，而且作为教会长老在信徒中亦颇得众望"（《台湾基督教史》）。1864 年 1 月，马雅各到厦门工作并学习闽南语，估计有大半时间是居住在鼓浪屿，其间曾经由杜嘉德牧师陪同到台南考察，然后回厦门继续学习闽南语。（一说他在厦门工作了 4 年），然后又从厦门去了台湾，他当时还带去自己的中国学生，其中黄嘉智是"台湾西医史上第一位台籍西医"。

所谓的台籍，其实就是闽南籍，黄嘉智就是龙海人。

鼓浪屿名流陈天恩和黄大辟的老师郁约翰，是鼓浪屿最富传奇色彩的洋人之一。郁约翰是美国籍荷兰人，毕业于美国密执安大学和荷兰乌特勒支大学，拥有土木工程和医学双学历，1877 年被美国归正教会派到中国传教。和一般西方传教士一样，他先在南洋学习闽南话，他有个奇怪的、闽南味道很浓的中国名字乌珠球。

1888 年 1 月 13 日郁约翰和他的妻子进入厦门鼓浪屿时不过27 岁，这位年轻牧师借助当时的闽南"白话"拼音文字，很快熟悉了闽南话，旋即进入平和小溪，用 1200 美元的基金，创建了小溪救世医院，救治了大量中国病患。据说当时"许多中国的达官贵人为他雪中送炭，慷慨解囊，农民则不吝出力帮工……"（潘维廉《魅力鼓浪屿》）

郁约翰这时还接收了一名当地官员提供的戒毒所，他认为鸦片是人间最深重的灾难之一，据说他在一年间就救治了 66 名瘾君子。估计这时他频繁来往两地，杨维灿先生说"那五个中国医学生在 1898 年都参加了保赤医院的工作"，后来，郁约翰又被教会派到鼓浪屿创建救世医院并担任首任院长，陈天恩等就在医院继续担任郁约翰的助手。

1898 年，郁约翰买下鼓浪屿燕尾山南麓的民房扩建成早期救世医院。建院的基金最初是郁约翰回美国度假时在教会筹集的，这

郁约翰和他的中国学生 （来源：厦门第二医院院史图片库）

是一笔近万美元的慈善基金。后来，林轩鹤、黄大辟等实业家亦
慷慨解囊，很快解决了地皮和其他的资金问题，想必那时的救世
医院，的确在闽南和东南亚民众心中有一定地位。

这样的"地位"，并不仅仅是靠"宗教麻醉"就可以轻易取得
的，中国人民并没有那么傻。事实上基督教会进入闽南曾经遭遇
强烈的反抗，陈天恩家族在南安的经历就足以证明当时"吃洋教"
是令一般中国人十分反感的；事实也证明西方传教士带来的西方
文明很快就在蕞尔小岛鼓浪屿生根发芽，而一些传教士的殉道与
敬业精神是十分感人的，郁约翰就是典型的例子。

当时救世医院工作分成两大块：一是施药所，每周开放五次，
挂号费三分钱，其后所有的治疗和药全免，仅象征性地收药瓶子
的费用，想必当年玻璃制的药瓶子来之不易，费用不菲，重复使
用也是很正常的。二是住院部，除了吃，每天象征性地收十分钱，
其他全免。郁约翰是虔诚的基督徒，据说"他每次施手术之前，必

定请学生和他一同跪下为病人祷告"。他不但医术精湛，待人还和蔼可亲，遇到穷苦患者费用全免。据说当时到救世医院就诊患者，多数来自厦门周边乡下，也有邻近省份的，甚至还有一些来自东南亚的疑难病患者。

事实上当时的教会医院的确有一套科学的，有时近似残酷的管理方法，早年的救世医院附设的医学专科学校是这样上课的，上午学生分配在各科室见习，下午上课，课本采用中华博医会出版的教材。院长郁约翰自己每周授课9小时，学制是5年，及格者颁发一份表明工作量的证书。

郁约翰工作是很辛苦的，可他自己认为，"很难找到比在中国从事医疗传教还幸运的工作！"以往一些文史资料出于那年月"反帝"的需要，竭力要将郁约翰描写成盛气凌人的"暴君"，有趣的是通篇文字找不到确凿的事例，郁约翰的确是颇具献身精神的、医术精湛的、虔诚的基督徒。这位有双重学历的荷兰人，在他兢兢业业的工作中也常常经历中西文化碰撞的"惊涛骇浪"。

最有意趣是"郁约翰拜见叶豆仔"的故事。

当年鼓浪屿来自闽南各地的中医也是不少的，叶豆仔是知名人士叶清池的堂姐，可我们看这名字就知道她可能是文盲。这是一个聪明绝顶、记忆力超常的闽南女子，可能自幼耳濡目染，对祖传的放筋疗法已经谙熟，却因为"传男不传女"和"女子无才便是德"等陈腐观念，无缘受任何教育，当然也无缘接受祖宗衣钵，但她确实太出类拔萃了。她40岁的时候，舅父终于将祖传的秘方送给她，她只能请人诵读，居然能过耳不忘，配制药散装瓶，画上符号备用……这位人称"斗姑"的奇女子擅长儿科，医术精湛到近似神奇。曾经被郁约翰断定为死症的幼儿经过她放筋并结合药散灌服，居然救活了。叶豆仔"起死回生"的事迹被鼓浪屿工部局授匾嘉奖，郁约翰大为惭愧，亲自登门造访这位"先生妈"。这位洋医生可能永远没法了解中医的奥秘，但这种勇于认错、不耻下问的精神给后人留下深刻印象。想必经过这一事件，郁约翰对中国传统医学的态度，恐怕比当时偏激的孙中山和鲁迅都要宽容些。

传教行医之余，郁约翰偶尔也为鼓浪屿富绅设计住宅，据说他将这类工作当作愉悦或调节身心健康的手段。弟子黄大辟的船屋和著名的八卦楼，均出自他之手。从零零星星的资料看，郁约翰似乎还在美国领馆倡办，而实际上是华侨捐资的同文书院教过书，1922年同文书院在望高石顶修筑新校舍，据说用的也是郁约翰早年的设计，那时他已经去世12年。

1910年，厦门鼓浪屿之间流行鼠疫，郁约翰在救治病患时感染了肺鼠疫不治身亡。前来参加追思会的群众不计其数，郁约翰的陵墓就在鼓浪屿河仔下救世医院旧址，一说在番仔园，如果真的在番仔园，那么河仔下的那就是纪念碑了。弟子们都是中国人，中国人心甘情愿为一个外国人立碑，想必也不仅仅是因为宗教麻醉什么的。

鼓浪屿救世医院第十二期高级护校毕业生 （杨琼琳供稿）

　　笔者曾经两次采访如今仍然居住在鼓浪屿的杨琼琳先生，她97岁了，各方面记忆还很清晰，她说她是救世医院第十二期的高级护校的学生，毕业时间是1938年。"郁公"早在她来之前就去世了，但"郁公精神"，始终是鼓浪屿救世医院训练医护人员的精神图腾。笔者母亲是救世医院最后一届护士专科学校学生，据她回忆，她们入学时还要在郁公碑前宣誓。

　　据说19世纪末中国的现代医学与西方相比整整晚了一个世纪，不过事实上当时西方现代医学教育也刚刚起步不久。美国人在20世纪初，对当时不尽人意的医学教育进行大刀阔斧的改革，形成著名的约翰·霍普金斯模式，北京协和医院基本上是依照这种模式创办的。笔者在详细调查鼓浪屿救世医院后期护士专科学校办学方式后，发现他们的做法与老协和几乎一模一样，救世医院三年制的护士专科学校是在郁约翰去世后16年的1926年开始创办，想必当时详细参照了北京协和医院护专的办学模式。

　　根据笔者母亲和杨琼琳先生的回忆，她们入学首先要过目测这一关，眉清目秀，身材还要适中，因为过高过矮都不合适在病床前工作，而声音柔和至关重要，因为护士天天轻声细语面对的是心身俱疲的病人，长相丑陋怪异或者音质粗嘎难听的声音是一定要淘汰的，至于年龄倒不太限制。母亲有一位年岁较大的同事就是从厦门某大户人家出来的，文化水准颇高的寡妇。当然洋人用寡妇当护士可能还有另一个原因，寡妇不存在分娩哺乳之类的麻烦。早年救世医院护士结婚是要辞职的，这不单针对中国人，救世医院里洋人"姑娘"照样单身，单身的理由是方便工作，当然这是指护士，医生（那时几乎都是男人）是没有这些麻烦的。

　　女孩儿进救世医院要受到近似严酷的训练，但她们同时受到尊重和相应的规格比较高的生活保障。母亲说她们一进护校，便连名带姓被称为"先生"，先生也者，当然是备受尊敬的意思。她们的起居生活均由工友代为料理，伙食很好，雪白的护士衫总是浆

早年救世医院护士演文明戏 （杨琼琳供稿）

洗得干干净净送来，半天上课半天实习，有时医生们也拿她们这些护士现身作小手术示范，一些小器官略有炎症就做掉了，母亲说不到两年她的扁桃体和阑尾就都没了（按当时的医学观点这些都是没用的玩艺儿，现在当然是有了新的说法了）。说起来当然很可笑。

洋人对她们行为举止方面的要求也很有意思，走路要快，声音要轻，最好只听到浆洗过衣衫响动；笑要斯文，开怀大笑基本是不允许的；说话轻声细语但吐字一定要清晰；要守规矩，交际太广肯定要受到非议。

鼓浪屿河仔下护士楼是救世医院早期建筑之一，进门左手第一个房间是公共会客室，二楼以上宿舍闲人免进。笔者母亲曾经因为电话多，被明"姑娘"（明仁懿）叫去谈话，说她太活泼，"交际能"甲等，不适合护理工作，最好转行云云，语调十分尖酸刻薄。

但业余时间健康的文娱活动却受到院方鼓励。杨琼琳先生好不容易保留下来的两张珍贵老照片就记载着这样有趣而充满文化内涵的活动。身材娇小的杨琼琳先生西装革履，还真有几分潇洒的派头，可惜"许多照片都在文革期间烧掉了"，杨琼琳先生颤巍巍摇头，惋惜道，"那个时期性命都不保，谁能顾及照片呐，大凡有洋人头的都烧掉了。"

很有意思的是，杨琼琳先生健康长寿，晚年经受两个疾病，一是股骨头跌裂，二是临近 90 岁时轻度中风，但她就是坚持不去医院治疗，宁愿在家里挪着板凳一天一天恢复，一辈子做医疗工作，却难得打针吃药，更不做任何手术。她曾对笔者母亲说，上帝创造的东西都是有用的，不要随便割掉！

不知杨琼琳先生这样说是否有对洋人抗议的意思，或者完全是顺天知命的做法，事实上的确有一些浸淫医学的人讳疾忌医，因为他们知道现代医学其实是一把双刃剑。事实上鼓浪屿医院外科医生当年处理晚期癌症病人多半是这么一句话：回去，爱吃什么就让他（她）吃什么，不要瞎折腾！

这当然有当时医疗技术局限的一面，更有仁慈负责任的一面，晚期癌症一般只宜姑息疗法，既要延长病人生命，更要兼顾病人的生活质量。可是我们现在一些急功近利的"医生"们，总是利用病人的求生本能和家属的无知，动辄开出天价的药和大动干戈的治疗方案来，这当然是题外话。当年洋人轻易割除扁桃体和阑尾，还有除去隐患，省得将来兴风作浪的意思，现在因为医疗体制问题，一些医生追求的是纯利润，想想很可怕，如果连"白衣天使"都成了奸商，这个世界还有什么指望？

何会珠先生是抗战后救世医院招的第一批大专护生，年过八旬仍腰肢挺拔，精神抖擞。她当时家境很好，据说在石码有许多铺面，家里有船队走台湾和南洋经商，是真正的富家小姐，抗战后高中毕业应该可以直接读大学，却也选择了护士这个辛苦的职业。

谢泳先生在《家住清华》一书中谈到清华儿女们"大多是知识精英，但在专业和社会声望上，很难和他们的父辈比肩"，这其实是一个普遍性的问题。我常常想，我们的前辈，他们这一代人的一些非功利的选择，他们深厚的教养，这教养包括做人必备的基本道德修养和那些一定要循序才能渐进的知识学养，很多很多，都是我们这一代人以及下一代所缺乏的，与他们相比，我们的心灵似乎太功利太干燥了。

估计这是现代人文失缺的后果。

秀外慧中的何会珠先生 1953 年参加志愿赴朝手术队，一身戎装，英姿勃勃，她在冰天雪地里救治伤员，究竟经历多少艰难险阻，她没有多说，只是淡淡笑着，说回来后就在卫校教学，一直

鼓浪屿救世医院欢送何会珠护士参加抗美援朝　（何会珠供稿）

救世医院最后一届护专学生80年代与回中国寻亲的
"明姑娘"聚会 （陈紫微供稿）

到退休。她感慨地说现在的卫校很难管理，现在
的人普遍不看好护理专业，把它当作下贱的、侍
候人的苦差使，护校生员太差，这里不单指智力，
更重要的是品德！何先生说，说作为医务人员面
对的是病人，医德和技术是一样重要的。当时鼓
浪屿救世医院能成为闽南仍至福建赫赫有名的医
院，跟那一整套规范的管理制度有很大关系，当
然，跟信仰也是有关系的。当年救世医院只收信
仰基督教或者愿意信仰基督教的人，在品德修养
方面的苛求以及进院以后规范严格的业务训练，
使得救世医院的医护人员无论走到哪儿声誉都特
别好。

何先生说，做人是要有一定准则的，更何况是面对别人生命的医护人员。

鼓浪屿救世医院从创办到 1970 年，一直是闽南地区颇有名气的医院。后来，河仔下的救世医院和私立鼓浪屿医院合并。私立鼓浪屿医院是民办侨助的医院，办院宗旨与教会无关，当时可能还有含有与洋人兴办的救世医院抗衡的意思，有意思的是仍然有三男二女五位洋人在这里工作。早期医院在宏宁医院旧址，早就享誉南洋的老资格西医林文庆先生在这里当过几年院长，他当时是厦大校长，在这里可能是兼职。

私立鼓浪屿医院主要倡办者以及后来的院长是林遵行先生，他是漳浦人，北平协和医学院毕业生。他的太太林碧凤是著名妇产科专家，1935 年林遵行和陈清波到缅甸仰光募捐准备修筑新院，因为一些问题未理顺，林遵行医生离开医院，1936 年冬天，医院一时陷于停顿。

1938 年厦门沦陷，许多人逃难到鼓浪屿，伤兵和有病的难民沿路呻吟，这时黄省堂等鼓浪屿名流和英国移民检疫所甘医生等人在医院旧址，组织收容伤兵和难民，万国救济会赠送了大量药品和仪器。这个医院在非常时期艰难而又有成效地，断断续续办了几年，在珍珠港事件前二度停顿，其间不断遭遇日寇骚扰。1944 年末，一些恶棍凭借日伪势

20世纪50年代，鼓浪屿二院部分医护人员合影（陈紫微供稿）

力，将院内所有的仪器药物扫荡一空，搬到安海路 36 号，改设平民医院。

抗战胜利，鼓浪屿医院着手复办，却以被敌伪分子所有为由，被没收了，几经周折，终于在 1945 年 10 月复办，业务发展迅速，来院患者日益增多，最后定址福建路，这就是后来厦门第二医院总院的院址。

私立鼓浪屿医院在解放后曾经改称厦门市第三医院，以妇产科为重点。这个与宗教无关的私立医院在漫长艰难的创办过程中，陆陆续续得到许多爱国华侨和当地富绅的支持。这时厦门由华侨集资创办的医院还有中山医院。印尼归侨黄奕住先生的长子黄钦书是鼓浪屿医院第一任董事长，经费来自仰光、厦门、上海、香港等地的捐助，这些捐款用于医院补贴和院舍修缮，剩余部分主要存入银行生息，以备后用。医院主要靠慈善部的收入运转，根据 1946—1947 年统计，这一年慈善部的捐资来自董事会、国际救助会、福音堂、三一堂和陈龙田先生，总共 1263200 国币，另外还有门诊和住院部收入，但这部分收入不多，因为这个医院和救世医院一样，也是以利益平民，减轻收费，救济贫病为办院宗旨。特别设有施诊部门，贫民就诊无须任何手续，一律免费，其中需要住院的，由保甲长证明确属贫困的，免去所有的费用，医院还要贴上膳费。

1958 年，私立鼓浪屿医院与救世医院（当时称二院）合并，正式更名为鼓浪屿医院。救世医院原址为肺科分院。这就是当年赫赫有名的鼓浪屿医院。这个医院以教会色彩浓郁的救世医院为底色，加盟民办侨助，以妇产科为主要特色的私立医院，在建国后的五六十年代，无论是医术或医德都是首屈一指的。说起来，鼓浪屿医院的历史其实就是鼓浪屿中西文化碰撞交融的缩影。

# 第三章

## 文化交融，
## 中西混血的优势

　　20 世纪初，青春勃发的鼓浪屿英俊少年陈炳三，英华中学毕业后到菲律宾吕宋某体育学院读书。某日，将一只足球踢进热带气息浓郁的花园洋房，引动美丽混血少女的芳心，这位有西班牙血统的少女是厦门某船头行老板的女儿，他们在菲律宾成婚，后来双双回国定居于鼓浪屿——老鼓浪屿人可能都还记得笔架山 6 号那对风流倜傥的夫妻和他们美丽的、才华横溢的孩子们。一个女人生育了十个孩子依然美丽动人，而他们的孩子，除去那特殊十年的耽误之外，基本上都受过高等教育。这就是一个鼓浪屿普通家庭，夫妻双方都有殷实的家底，固然不能与那些至今赫赫有名的世家相比，却更能

新婚夫妻和他们的混血长辈（陈惠心供稿）

代表一般鼓浪屿寻常人家的特点。

约翰、鲍林曾经将混血儿形容为"对纯粹马来族和印度族的巨大改良"（魏安国《菲律宾历史上的华人混血儿》），鼓浪屿混血儿也是很多的，最早可能是中荷混血，即所谓的"红毛夷"。前面说过，鼓浪屿番仔园最早的碑刻是 1698 年，估计他们到鼓浪屿的时间更早一些，与 1624—1662 年荷兰统治台湾有关吧。荷兰人统治的"福尔摩莎"（台湾）实在与闽南太近了，而当时一些荷兰人居然还通谙中文和日文。

早期鼓浪屿肯定是漳州月港的一部分，在荷兰人来之前有相当规模的闽南传统建筑，撇开这些贸易或侵犯之类不谈，早期鼓浪屿有参与"马尼拉贸易"的闽南商人居住是肯定的。鼓浪屿有相当部分的乌番仔，可能是早年他们从菲律宾带回来的，比郑成功时代更早一些也不一定。在明清闭关锁国时代，闽南商人有相当一部分人属于海盗或半海盗性质，他们的"马尼拉贸易"，与西班牙人以及和日本人相当成功的贸易往来，引起荷兰人眼红，所以"当时荷兰人未获准与中国商人贸易，但与郑芝龙等来往甚密"。

这就是笔者在第一章已经说过的郑氏家族或闽南海商与荷兰人的纠葛，有纠葛就会有混血，这些纠葛引起闽南沿海社会震荡以及人口的流动。当时鼓浪屿屡屡遭遇比海盗更凶猛的荷兰人的攻击，时战时和，战时流血，和时贸易。历史上点点滴滴记载荷兰人曾经带一些中西"混血儿"到闽南沿海，想必鼓浪屿也不例外。

荷兰人的确将厦门当作漳州湾（月港）的一部分，当时荷兰人，还有一个目的十分明确，库恩在他的日记中这样写道："……捉获大量的中国男女、儿童运往巴城、安汶和班达……"，为南洋荷属殖民地增加价廉物美的劳动力。

荷兰人或者说战争当然很野蛮，"我们的人将上述村庄，房舍和众帆船，无论大货船还是战船均焚烧殆尽"。荷兰人在中国东南沿海一带活动，一是想打开中国贸易大门，二是垂涎于中国的人力资源，"整个中国沿海人口密度之高，令人难以相信，人与船遍地皆是"。而当时在巴达维亚（雅加达）的东印度公司急需大量劳力来开发还是蛮荒之地的南洋诸岛。

历史记载荷兰东印度公司的纳茨，曾经"亲自前往中国沿海，蛮横地将已成为厦门重要官员的一官（郑成功的父亲郑芝龙）扣押起来，并迫使他与荷人签订贸易协定"。当然这种蛮横未见得收到明显效果。郑芝龙出于自身利益，原本与荷兰人的贸易就相当频繁，估计是新官上任一时收敛，但很快就陈仓暗度。前面说过，郑芝龙是海盗，更是一位精明的商人，历史上有个奇怪的名称叫海商。精明的郑芝龙早在为官之前，与荷兰人日本人的关系就很微妙，而他早年就与漳州的颜思齐一起"过台湾"，是早年经营台湾的闽南人之一。说起来，郑氏家族的确是开发台湾的功臣，当时两岸来往是家常便饭，郑芝龙的儿子郑成功就是禀赋优异、精力过人的混血儿，而当时庞大无比的郑氏家族中，有许多人是天主教徒，想必与洋人混血的几率也是很高的……

后来鼓浪屿更多的"乌番"肯定是近代华侨从东南亚带回来的。

林太乙在《林家次女》中就有这样的叙述："洋房后面还有个较小的房屋，里面住着三叔公和他从南洋带回来的马来婆和他们的孩子。"鼓浪屿当时还有印度巡捕，鼓浪屿人叫"马答仔"的，也是黑的。鼓浪屿的乌番可能血统复杂，一些可能是早期华侨娶南洋当地人的混血儿，有马来血统，也可能有印度血统，也有一些东西方血统混杂的。就笔者个人经验，一些乌番眼睛圆而且大，皮肤乌油油健康，如果不暴牙是很漂亮的。

杂交优势是生物学上的概念，而近代中西文化上的混血，如果处理得当，就可能给我们这个古老的民族注入了新鲜活力。炎黄文化源远流长，或者应该说华夏本来就是一只巨大的胃，几千年来不断蠕动着，消化着来自所谓"蛮夷"生猛的营养，否则五千年华夏文化，不可能如此绚丽多彩。

从某个角度来说，中华民族的包容性是很强的，可惜明清时期因为政体问题闭关锁国，不但失去经济发展的最佳时机，也因为老熟过头的僵化的官僚体制导致国体失去活力和原本雍容的风度。到了清末，国家

新婚夫妇 （陈惠心供稿）

贫穷积弱，居然就只有混到挨打的份儿，而且因为科学技术"至少落后西方一百年"，仁人志士们奋起"维新图强"，有些矫枉过正也是难免。

几年前曾经在网上读过不少骂卢戆章的文字，说他几乎要将汉字毁了，其实卢戆章与孙中山、鲁迅等一样，都是"法师西洋，自求富强"，他对中国旧文字的态度也有点像孙中山和鲁迅对中医的态度；鲁迅和瞿秋白对中国方块字的憎恶，多少带有激进的偏见。在那样的年代，那样的国情，没有一点激进是掀不起任何波澜的，就这一点来说，骂卢戆章与骂孙中山和鲁迅实在没什么两样。

前面说过，西方传教士发明了罗马字拼音"白话"，这款白话，任何文盲只要用心学几天就可以阅读写作，拼音文字生命力之强

悍可见一斑。令人深思的是：源远流长的中国汉字并没有像越南喃文那样轻易就被拼音文字取代，最初用来扫盲的拼音文字倒渐渐演变成汉语入门的工具。

据说传教士们最早是利用罗马字系统来学习闽南话，后来又用这种符号来翻译《圣经》。1852 年出现在厦门的《约翰福音》，是最早的"白话"字单行本。18 岁科举落第的清末秀才卢戆章涉猎"白话"，也是从读《圣经》开始的，他是厦门同安人，在读圣经的时候同时学习西洋科学知识，21 岁到新加坡半工半读，专攻英文，两年以后回国便寓居鼓浪屿。眼界大开的卢戆章有感于汉语的难学和西方拼音文字的方便，发誓要改造汉字，于是"置一切于不闻不问，朝斯夕斯，几废寝食"。卢戆章全力致力语言研究，因为他既会说厦门话，也懂英文，所以"西人学厦语，华人习英文，均奉以为师"。当然也有人对此嗤之以鼻，但他胸有成竹，一笑置之。

无论如何，这位自学成才的"现代汉语拼音和标点符号之父"卢戆章先生在 39 岁终于写成的《一目了然初阶》，自称"中国第一快切音新字"，他自己手抄成书，自费刻成木版，这本书采用横行刻印，于 1892 年刊印出版。此书两旁对联很有意思"一目了然，男可晓，女可晓，智否贤愚均可晓；十年辛苦，朝于斯，夕于斯，阴晴寒暑悉于斯。"

下联说的是十几年苦心孤诣，上联则表明自己的良苦用心。为了让"男妇老幼皆好学识理"，呕心沥血的卢戆章曾经在鼓浪屿乌埭角和厦门二十四崎脚开班讲学，他的学生是船工和小贩，大部分当然是成年人，这算是中国人给自己开办的成人扫盲班吧，那时连外国人也来学，据说《一目了然阶》简便易学，半年便能见成效。着重于平民教育的卢戆章在书中"凡例"中写道："此书欲为男女老少雅俗通晓之文，故卷首列里巷歌谣，中杂解颐趣语。"

1893 年，卢戆章趁热打铁又出版了《一目了然初阶》的节本

《新字厦腔》，"又恐推行不广，一刊再刊，毕生汗血之资倾而不顾"。这位实际上未受过高等教育的自学成才者目光是高远深邃的，他认为切音字只在闽南推行太狭窄了，"应该认京音官话为通行国语，以统一天下之语言"，"语言文字合一，以普教育"，事实上1911年后的"官话"和建国后的普通话就是这样推广开来的。

1897年，为了实现理想，他通过安溪人林辂存向朝廷上缴切音字书，谁知没有多久"百日维新"失败，工部虞衡司林辂存呈请推行切音字的事就被耽搁了。这一搁就是7年，7年间卢戆章曾经被邀请去台湾，一边主持总督府学务课，一边研究台湾历史和日本文字，重新修订切字方案，写成《中国切音新字》。1905年，卢赣章长途跋涉到北京，把《中国切音新字》一书再呈缴学部——结果是外务部与学部踢皮球踢了一年，第二年卢戆章再次具禀：

> 计自去年迄今，已寒去暑来，尚未蒙调考代奏。戆章虽草茅下士，然平生大愿，则以四五百兆同胞皆能读书爱国，大进文明为怀。所以竭尽二十八载心血，始成《中国切音字母》一书。幸逢圣上采及刍荛，况又科举废，学堂兴，文明大启，是以戆章于万难中拮据资斧，不惮君门万里，自福建跋涉至此。仍延搁时日，守候无期，旅资告竭，寒士无颜。计惟恳请催大部，俯鉴万难守候之苦情，速赐移咨学部考验批示，是非一言，无不只遵，以便行止。

细读这段文字，不由得不深深叹息。

卢戆章的奏章终于引起"重视"，经过译学馆考核审查，回了一个3000多字的长批，其中声称，"该书疏谬略有数端，自难用为定本通行各省"。卢戆章被驳回，神思黯然离开北京，但他并不死心，又来到上海，将进呈本《中国切音字母》又加以补充，命名为《中国字母北京切音教科书》出版发行，另外又出版一本《中国字母北京切音合订》。鼓浪屿台籍富商，追随孙中山的革命先行者林祖密为他的书题了一副对联：

卅年用尽心机，特为同胞开慧眼；

一旦创成字母，愿教我国进文明。

林祖密是台湾"第二家族"，著名的台中"雾峰林家"抗法英雄林朝栋的嫡亲儿子，这是"一连四代满门武将"，血气方刚的台湾望族，几百年来集政、军、农、商为一体，林祖密家学渊源，自幼习经尚武，练就一身铮铮铁骨，因为是林朝栋的嫡亲儿子，肩负着经营祖业的重任。

1895年中日《马关条约》签订之后，林祖密随父亲内渡大陆，到鼓浪屿定居，后来又奉命回台经营祖业，不久即拒绝日方百般引诱，愤然拂袖而去，名为为父奔丧，实际上是准备与日本人彻底脱离关系。林祖密在鼓浪屿向日本领事馆递交了退出日籍的申请，此举在闽台惹起轩然大波，气急败坏的日本人没收了原属林家产业的大部分山林，导致林家在台湾的500多处樟脑铺和糖铺完全瘫痪，但仗义疏财的林祖密无怨无悔，1915年参加中华革命党，创建了闽南革命军参加讨袁护法，捐献银子资助孙中山，并将巨资主要注入实业和公益事业。一介清寒书生卢戆章，能得到闽南军司令林祖密这样仗义疏财的革命家资助与支持，并不仅仅是他个人的幸运。

辛亥革命后，教育部召开的读音统一会，60多岁的卢戆章以华侨代表的身份，被委派为福建省会员，此程到北京参加会议，想必大有老骥伏枥，志在千里的感觉。

林祖密将军（来源：厦门图书馆）

回厦门后，他又编撰出版了《中国新字》（包括国语字母和厦语字母）、《中华新字》（包括国语通俗教科书和漳泉语通俗教科书）。

这时他得到另一位因中日签订《马关条约》而愤然内渡的台湾富绅的支持，这就是思想开放，而国学基础又相当深厚的林尔嘉。林尔嘉和卢戆章积极筹组中华新字促进会，拟创《新字月刊》并招生教授新字，虽然因某些细故未能实行，却昭示了那时的厦门，尤其是弹丸之地鼓浪屿，能作中国新式教育和现代文明的摇篮之一，主要就是中西文化交融的结果。林尔嘉在为卢戆章作的书序中是这样写的：

> 吾友卢戆章创为新字，肆毕生精力，以求其所著必传。尔嘉读君所作，知其苦心独造，通俗易晓，故序而刊之，以饷我国民，以告当世有教育之责者。

卢戆章是一位真正不计名利的草根发明家，他不单在闽南"白话字"的基础上发明了拼音，还研究了标点符号。他终生清贫，想必当年节衣缩食，做这么一点事是多么艰难！几十年过去，他终生的努力和奉献给我们带来极大的便利，当然话说回来，他们这一代人的改革和发明也的确给现代的汉语言文字带来一些问题和困惑……

狂热的五四过后，提倡白话文是一个进步，重整国故却也很有必要。就笔者的感觉而言，胡适先生也许算不上优秀作家，他的《尝试集》等作品谈不上经典，但在中西文化传承与民族文化纳新自强上，胡适先生对整个国家的贡献是熠熠闪光不可磨灭的，民国时期，像他这样明白的文化人是很多的，近百年过去了，我们这个民族没有全盘西化，多亏了这批学贯中西的大家。

北大校长蒋梦麟曾经说他平生做事全凭三子："以孔子作人，以老子处世、以鬼子办事。"这里的鬼子就是洋鬼子，专指以科学精神办事。在文化冲击与传承中，因噎废食不行，囫囵吞枣当然就更不行了……这是个严肃话题，关系到我们如何在未来的发展

越南古镇会安汉文化残迹 （泓莹摄）

与传承中，如何让本民族的文化内核维持强悍的内力，而又能健康地消化来自其他文化系统的营养。

非此即彼当然是幼稚的，而改良也决不等于骑墙。近代越南喃文迅速被罗马字吞噬，可能有许多原因，最重要的，可能就是他们根柢太浅，他们过去借用汉字，现在借用罗马字，实际上没有太多本民族的东西。而一百多年过去了，独具一格的汉字系统仍然彰显出它强大的生命力，与博大精深的中国文化有关系，与近代新文化运动的吐故纳新也有重要关系。

当年的鼓浪屿的确荟萃了闽台和南洋相当一部分最有文化，最具经济实力的官绅商贾。林尔嘉、林祖密等祖籍闽南，内迁鼓浪屿的台湾名流对卢戆章的支持并不是数典忘祖，他们的确是想方设法要寻求一条强身富国之路，而另一方面，谙熟西方文化的林文庆先生热心提倡"国学"，虽然有些过火，却也不见得是什么"反动"。

正如我们需要嫉恶如仇的鲁迅，也需要温良而有博大胸怀的胡适一样，无论是评价我们的先人还是接受外来文化，我们现在仍然需要不卑不亢的人格，客观的审视态度和宽容的态度。从某个角度来说，源于中原的闽南文化内核的确是很强悍的，清末民初至今一百多年过去了，汉字文化系统在进化过程中并没有被拼音文字取代，应该说与中华文化内在的强悍与活力有关系。鼓浪屿内在的闽南文化没有被外来文明完全吞噬，也可能与华侨当年在异国他乡形成的凝聚力和浓郁的乡土情结有关。洋教士创造的白话字，现在基本是"活化石"——在闽南教堂仍然可以看到白话圣诗，用的人却越来越少了，因为文盲大部分消失了……

如果说卢戆章是孜孜不倦的，力图从文化上让国家强大起来的发明家，有一个洋人名字的马约翰，则更质朴更直观一些，他认为生命在于运动，只有体育能从根本上改变中国人羸弱的体质。

马约翰这个名字显然带着教会色彩，以至于一些回忆文章将他写作"外国人"，不知这位19世纪末出生在鼓浪屿的，体力超常的男孩身上是否有异族血液流动？马约翰自幼父母双亡，很穷、读书很晚，13岁才在亲友帮助下去读福民小学。一些官方资料说是读私塾，福民小学显然不是私塾，如果将典型的教会学校当作旧式私塾，显然是一种误解。话说回来，马约翰13岁之前一天到晚大概都在这个岛上野跑，是鼓浪屿的天风海涛铸就了他结实而灵敏的身体，大概就是属于上山打虎下海捉鳖那一类人物。

1944年，马约翰在昆明

中华体育宗师马约翰和太太
（来源：《家住清华》）

街头遭遇了异常惊险的一幕：两挂马车迎面而来，相对碰撞，将骑自行车而行的马约翰挤压在中间，他居然一跃而起，跳出险境，在地上滚了几滚，像武侠小说中的人物一样轻身脱险。如果文史资料里的数字没有错，西南联大教授马约翰这一年是62岁，据说他年逾古稀仍然坚持冬天不穿棉衣，"一年三百六十天，无论盛夏还是寒冬，马约翰先生永远是一件白衬衣，一件白单裤，他的穿着根本看不出季节变化"，他的声音洪亮有力，对着几千人说话可以不用扩音器，不知这是一种怎样的身体素质。

马约翰年轻时候得过两块非同寻常的金牌。

一是1905年5月上海基督教青年会举办的"万国田径运动会"一英里赛跑冠军。这个冠军来之不易，他抱着与外国人一比高低的决心，一直跑在前头，谁知体力过分透支，半途竟被日本选手超过，但是他宁愿"就是死在跑道上也要超过日本人！"这位22岁才进入圣约翰大学的大二学生竭尽全力冲刺，竟反超日本人50码，最终得了冠军。另一块金牌是1910年全国第一届运动会880米金牌，这时他已经28岁了。

大概他禀赋太出色的缘故，一位不愿透露姓名的人一直资助他到大学毕业。

马约翰29岁从上海圣约翰大学毕业，这位医学士却没有去做在外人看起来更体面收入更丰厚的医生，因为他的理想是振兴体育，他认为只有体育才能彻底改变国民体质。就这样，这位出身清寒的鼓浪屿人在清华大学教了52年体育，曾经两度赴美，在斯普林菲多德体育大学深造，获硕士学位，他1920年9月开始担任清华学校体育部主任，他是第三任，前两任主任都是美国人。

马约翰是当时不可多的高学历体育人才，据说他刚到清华教化学，但他特别在乎体育教育，清华学校体育活动在中国人马约翰的倡导下十分红火，田径项目曾经取得37项华北运动会的冠军，创造保持了20项全国最高纪录。1925年清华学校获得华北足球、篮球、棒球等多项冠军……成绩卓著。

马约翰的心血没有白费，但奇怪的是，首任清华大学校长罗家伦认为体育是玩玩跳跳的的东西，体育科没有必要设立教授，一度将马约翰的教授给撤了，将体育教师改称训练员，同时还降薪。这时清华舆论一片哗然，外校也纷纷高薪聘请马约翰，但他置若罔闻，仍然专心致志本校的体育教育和研究工作。第二年率队到天津参加华北足球赛，清华再次荣获冠军，足球队回到北京，全校师生自发夹道欢迎，罗家伦不得不恢复他教授的身份，罗家伦也是很可爱的人，他因此奖给不计名利兢兢业业工作的马约翰一只银杯。

"这只银杯后来一直放在他的客厅里。"马约翰的孙子如是说。

鼓浪屿的孩子们　（柯秀文供稿）

马约翰多次被委任为运动会和奥运会选拔委员会主任并率领中国队参加远东运动会。1936年，他担任中国田径队总教练，带队赴德国参加在柏林举行的第11届奥林匹克运动会，那时的中国运动员成绩当然不理想，他于是到欧洲和苏联等国考察和讲学，力图以普及和提高相结合的方法来提高国人的身体素质。

马约翰是学医的，他在体育教学和训练中十分讲究科学。他编写了许多教材和田径、球类等项目的训练法，同时他极其重视体育道德文明，他的名言是"比赛可以不十分在乎输赢，但千万要讲道德，球可以输，道德不可以输！"他在当时的《清华周刊》中曾经发表文章说，"从事运动者，道德为重……否则虽然力大如牛，将如无羁之马，奔放逐斗无非害事之母，如此其将来一生，实非浅鲜，故体育部极注意于此……"

这位中国体育教育的先行者和奠基者不但品德高尚，还是多才多艺、饶有生活情趣的人，他曾经为西南联大谱写校歌，他常常鼓励后人，"要像跳华尔兹那样优美和自如地度过一生"。据他孙子马迅回忆，马约翰酷爱摄影，会弹曼陀琳，他有六个孩子，常常召开家庭音乐会，他甚至拍了许多清华学生运动的录影，以家里的白墙为银幕，全家常常聚在一起"看电影"……这就是走出鼓浪屿后的马约翰多彩多姿的家庭生活，这样健康明朗的生活也常常是当时鼓浪屿殷实而有教养的家庭日常生活写照。

据黄猷先生回忆，沈省愚先生在英华中学当校长的时候，就提倡将作业在学校完成，保证学生有一定时间的课余生活和体育锻炼，他甚至规定每个学生必须参加有组织的两项课外活动，但如果是超过两项，就得由校长"亲自批准"。鼓浪屿英华学校等一些教会学校的教学思路，至今仍然值得我们借鉴吧。

据许声骏和胡国藩等先生回忆，英华书院最早的生源仅局限于厦鼓一隅，渐渐扩大到南洋和内地，甚至有一部分外国学生。在学生数高达500名时，英华的生源来自四面八方：一是南洋侨生，二是厦鼓富家子弟，三是内地侨属和富家子弟，四是来自日本、朝鲜和台湾的学生，可以想见当年英华的吸引力。英华的学费相当昂贵，当时又称"中西学堂"，教学偏重英文，办学宗旨以基督教博爱精神为方针，培养德智体群"四育"，校训是"诚与智"。有趣的是：上午授英文，下午授汉语，"汉文采用四书、古文、唐诗和尺牍等为课本"。英华还有附属小学，据陈照寰先生回忆，当年英华小学汉语教学用闽南语，弄得在北京长大的他如"鸭子听雷"！

当年英华书院毕业的学生，因为英文好，品德优良，可以免考直接进入英属殖民地各大学二年级读书，也可以直接进入海关、银行、洋行、邮政等高薪机构工作，在读优秀生尚未毕业就被拉走就业的也很多。

"五四"以后，英华开始接纳贫寒子弟，学校设有贫寒子弟优待学费，家境困难的学生，可以申请全免或只交一部分学费——从鼓浪屿走出来优秀人才并不仅仅局限于富家子弟，事实也不止一次证明，假如贫寒子弟享有与富家子弟同等教育条件，往往更加出色。

当然，不可否认的是：鼓浪屿相对内地开明的教育环境和相对优渥的生活，使得当时鼓浪屿青年格外出众，这个出众不单局限于文体方面，就我个人理解，那个时代的运动员不仅仅是四肢发达，常常在其他行业也能作出壮举，比如中国足球史上著名的归侨运动员，祖籍龙海的"小黑炭"陈镇和，后来就作为飞行员投身抗战而壮烈牺牲。而据潘维廉先生所说，曾经服务于陈纳德将军驻桂林的第14飞行队的弗兰克上校，是鼓浪屿救世医院创办人郁约翰的儿子，因为他帮助中国抗日，"日本人作为报复，在鼓浪屿诸多建筑物中，对他父亲的救世医院进行了最丧心病狂的浩劫！"

弗兰克出生在鼓浪屿，而鼓浪屿真正的"原住民"当年也出了个航空界的风云人物，关于这个人物，史学界褒贬不一，因为他在业余时间为民军头子陈国辉开飞机，但对陈国辉我们尚且应该历史、客观地评价，更何况这是第一个驾驶轻型飞机横跨欧亚大陆的中国人。

要理解陈文麟的价值，首先要回眸一下 20 世纪初的整个国家的航空业。

那时的飞机今天看起来都很滑稽，看上去比当年汽车要简陋多了。我们现在很难相信早年飞机外壳是用木头做的，但事情就是这样，1903 年第一架飞机上天后的十几年里，这些木头制的大蜻蜓更像贵族的玩具，当年的时髦青年如张学良等都是会驾驶飞机的，木头机翼，低空飞行，对飞行员的身体素质要求想必不如后来严格。

但这毕竟是高风险的职业，在中国民航史上，有无数壮怀激烈的志士。

史料记载华侨青年冯如曾经自制一架飞机在美国奥克兰飞行了 2640 英尺，爱国的冯如希望在自己的国家推广飞机制造业，但他 1912 年 8 月在广州燕塘进行飞行表演时不幸机毁人亡，他的朋友一而再，再而三重复他做过的事儿。就技术力量而言，中国航空制造业几乎与世界同步，20 世纪初，美国波音公司第一任总工程师王助设计出波音公司第一架成功量产的飞机，这个机型开辟了美国本土第一条试验性质的邮务航线。

美国麻省理工学院航空工程第二期总共有五个学生，其中就有四位是中国学生，王助等曾经是波音公司早期主要的技术骨干，但当时美国军方歧视中国人的恶劣态度令这些华人精英愤然辞职。回国后向海军部提出在自己的国家建立飞机制造厂的构想，1918 年，中国第一个正规的飞机制造厂在福州马尾成立，全称马尾船政局海军飞机工程处，后改称海军飞机制造处，他们在 20 年间制造了 30 余架小型飞机。

"在质的方面是成功的，在量的一方面可以说失败，因为我们是没有资本的……"英年早逝，为航空业鞠躬尽瘁的巴玉藻如是说。

岂但因为没有资本，在一个完全没有工业基础的国家研制飞机，其难度可想而知，老大中国的飞机是没有自己心脏的，所谓的中国飞机全部采用进口的劳斯莱斯等名牌引擎，有点像现在泡沫四溅的汽车制造业。此外，除了木料和油漆能找到代用品外，钢线、钢管、铝材、干酪胶等，所有国内不能制造的东西都要进口，一架小飞机的成本都在三万元以上，所谓的造不如买。

但无论如何，从1917年段祺瑞指示在马尾增设福州海军飞潜学校开始，福建可以说是中国现代航空的摇篮之一。1929年，海军航空处迁到厦门（官方资料如此，一说海军航空处是在厦门组建的），就由留德飞行员陈文麟负责。

陈文麟是土生土长的鼓浪屿人，早年曾经就读于福民小学和英华书院，不知是因为家境贫寒或其他什么原因，也许是禀赋优异，被洋人用重金挖走吧，他16岁就辍学到鼓浪屿"大北电报局"任职。大北电报局的工资很高，能在这里任职的人，资质当然非同一般。陈文麟在丹麦人办的这个电报局工作6年，22岁辞职，到德国学习陆军，1925年回到厦门，正赶上厦门中华中学校长陈金芳组织学生军响应"五卅"运动，陈文麟应聘任学生军总指挥，风风火火的学生军虽然很快就被解散了，年轻有为的陈文麟却因此崭露头角，得到当时漳厦海军警备司令林国赓的赏识。

因为有海军资助，他再次到德国航空学校深造。

陈文麟1928年学成回国，海军总司令部委任他为厦门海军航空处筹备员，1929年初奉命到英国买飞机。他们总共买了4架飞机，顺利完成任务后，陈文麟和丹麦籍"飞机师"约翰逊驾驶"厦门号"，从英国伦敦起飞，作跨越欧亚的远距离航行，在他们启程之前，海军总司令部请国民政府外交部照会沿途各国，同意"厦门号"通过各国领空并作短暂停留。

他们计划三个星期后抵达厦门，谁知出师不利，起飞不久就在英吉利海峡上发生机件故障，虽然是小毛病，也只能返回伦敦修理。1929 年 3 月 14 日，"厦门号"再次起飞，途经德国汉堡向亚洲飞行，飞越欧亚十几个国家，总行程 1.5 万公里，5 月 10 日到达广州，扣除休息和游览时间，实际飞行是 28 天。

这是一个怎样的概念？

现在到欧洲，不过是几个小时，而当时能驾机横跨欧亚的飞行员寥寥无几，途中六次遇险情而自己能修理飞机的陈文麟"在亚洲实为首例"，其中有两次是死里逃生，一是在荒无人烟的沙漠上连续飞行 15 小时，油尽箱空，几乎机毁人亡；其二是在印度遭遇狂风暴雨，机件损坏，飞机发动机漏油……在那样恶劣的天候下，自己修复，然后重新发动飞机需要何等的技术和勇气！到缅甸仰光之后，陈文麟又身患疟疾治疗多天，九死一生，仍然顽强地重上蓝天……

至少，陈文麟是中国第一位驾轻型飞机完成国际长途飞行的第一人，不知这款轻型飞机是木头制的还是当时刚刚投入市场的全金属飞机。史料没有详细记载，笔者没有能力深究，这个问题只能由专家来回答了。

完成飞行回国的陈文麟首先在广州受到热烈欢迎，他在机场接受新闻记者采访，说"厦门号"是英国爱维罗公司制造的，阿维安式双叶双座位，装克里鲁斯式马达，马力在 85 匹到 95 匹之间。他说他从伦敦到广州总共是 60 多天，在欧亚各国大城市游览或停留休息，实际飞行 28 天，其中飞机损坏过 6 次，"今安全返国，亦云幸矣！"

有趣的是，这位英雄从广州飞到厦门时，降落在厦门五通民用航空学校机场，不见欢迎人群，十分诧异，后来才知道在曾厝垵，"乃复飞起，绕厦市数匝，南驶曾厝垵……掌声四起，爆竹声大作，欢声震地……"

这是洪卜仁先生摘自旧报刊的文字。厦门蕞尔小岛，当年居然有两个飞机场，一个民办一个官办，曾厝垵正是当年官办的海军航空处所在。当时海军总司令部特地选派政训部主任陈德森到厦门来筹备欢迎大会，也就是"厦门各界欢迎飞行家陈文麟大会"。据说那天到会的各界代表数千人，其中还有英国驻厦领事和夫人。大会主席是漳厦海军警备司令林国赓，林国赓致词道：

陈文麟的学生何启人（何丙仲供稿）

> 今日为欢迎自英长途飞行回国之陈文麟先生，其意义与普通应酬不同。因欧亚间数万里长途飞行，在亚洲实为首创，此不仅我厦门光荣，实亚洲各国之光荣。以前各国谓我中国无人才，为不肯牺牲故。陈君飞行数万里，具大无畏精神，不只牺牲财产与精神，其不避艰难危险，尤足钦佩……

鼓浪屿文史专家何丙仲先生是当时"党国"中十分优秀的飞行员何启人的小儿子，而何启人正是陈文麟的学生，当年海军航空处三年总共培养了21名飞行员，后来因为经费困难停止招生，合并到上海海军航空处，那时的上海航空处有教练机、侦察机、轰炸机3个中队，1939年航空处奉命撤裁停办，所有的人员一律参加抗日战争。

遗憾的是陈文麟自己没有参加抗战，他一直呆在厦门，过着有点纸醉金迷的生活，后来就去了香港。笔者几年前曾经采访过一些老人，都说陈文麟真是"一代风流人物"，用现在的话说就是

"粉丝"很多，业余时间常与鼓浪屿富家子弟游玩嬉闹，身边自然是美女如云。黄猷先生回忆说，后期资助陈文麟的是鼓浪屿富家子弟吴支恩，1934年，两人在现在珍珠湾建了个"竞强"体育会，有跑马场和游泳池，陈、吴二人于其中各有一别墅，体育会开幕时请"美人鱼"杨秀琼来表演，轰动一时。

有关陈文麟与陈国辉恩恩怨怨的版本很多，陈国辉的别墅和众多的姨太太也在鼓浪屿。这是一个常年目光炯炯，亦官亦匪的闽南枭雄，事实上民国初年闽南众枭雄在鼓浪屿都有别墅，比如叶文龙和张毅等。南洋富侨需要安全，因谋求自身利益而给别人制造不安全的土匪，他们自己却也是需要安全感的。

就这点来说，人和人没有什么两样！

说强悍的陈国辉"穷凶极恶"是可以的，因为他烧杀淫掠无恶不作，尤其是勒索华侨，霸占侨眷，在闽南百姓尤其是华侨中民愤极大。陈国辉众多的姨太太基本上是先奸后娶的闽南大户人家养在深宅里的如花宝眷，估计是因早年极度贫困而埋下的病态心理。笔者曾经在省档案馆阅读过一叠叠闽南华侨控告陈国辉恶行的电报，当年十九路军诱杀陈国辉的确是顺应了民心。

但历史地看，陈国辉参加过台湾富绅林祖密创建的闽南讨贼军，他在闽西南城市建设和交通建设上的功劳也是不可磨灭的。此外，他发迹以后还办报刊、学校，提倡体育运动，时任省教育厅长的程时煃参观陈国辉办的学校后说，"土匪懂得办教育，可以说是很不错"。而闽南民军头目，比如陈国辉和长泰的叶文龙，他们后代有的也很出色。

作为直属海军部的航空处处长，陈文麟和陈国辉的省防军第一混成旅没有任何行政关系，但他们私交很好。陈文麟不但替陈国辉开专机，还替他在泉州、永春和永安策划修建了一些小型飞机场，到国外购买轻型飞机和重型武器，装备实际上是陈国辉私家军的省防军第一混成旅，甚至还做过陈国辉在南安诗山创办的军官学校校长（一说陈国辉自己担任校长）。这个最后不了了之的军校，当年可是吸引了许多有志于抗战的青年，当然，许多人是慕陈文麟的名而来，而后败兴而去，初出茅庐的学生兵们和陈国辉手下的土匪油子一起培训，土匪们仗着是陈国辉的亲信胡作非为，这个军官学校有头无尾也是很正常的。

……

陈文麟后来侨居英国，他的子女想必也都在国外，他不像那些留美博士有深邃的背景，和从印尼回来的足球明星

解放后辟为公园的陈国辉"息园"一角，鼓浪屿人将其简称"陈国辉"，"文革"时被炸毁。

小黑炭陈镇和也不一样，事实上他就是土生土长的鼓浪屿人，中学未毕业就在鼓浪屿大北电报局工作，得到资助后才出洋留学——我们从航空骄子陈文麟早期经历可以一瞥当年鼓浪屿中等教育和文化开放的程度。

# 第四章

## 侨客风情，
## 别具一格的闺阁教育

　　林语堂先生说，他心目中国人的理想生活之一是"不必跑入租界而可以安居乐业"，而在那个军阀混战，土匪横行的时代是很难做到的。那个时代最滑稽的事之一，就是中国人必须跑到洋人管理的租界寻求安全感，大上海的租界这样，弹丸之地鼓浪屿也是这样。

　　风光秀丽的鼓浪屿因为工部局井井有条的管理、相对先进的教育环境和医疗环境，不但吸引了当时在厦门的大部分外国人进岛居住，还吸纳了大量在 19 世纪末和 20 世纪上半叶了在南洋拼搏发家、回报乡梓的华侨富商，加上原有的官绅世家和内迁的台湾富绅，比如林文庆、林尔嘉、林祖密、林鹤年等，他们纷纷在这里修筑自家别墅，并从南洋引进许多闽南当时没有的奇花异草。这使得鼓浪屿总体建筑与其他租界风格建筑有所不同，始终蕴含着热带与闽南风情交缠相融的独特韵味。

　　黄獭先生说，鼓浪屿的华侨应该叫"侨客"，因为，像廖悦发和后来的黄奕住那样长期住在鼓浪屿的华侨毕竟是少数，他们大多数只是将在唐山的家搁在这儿了，因为当时土匪军阀横行，自己家乡不安全，不得不让家眷客居相对安全的鼓浪屿！

　　20 世纪初，尤其是一战过后，厦门地区侨汇充裕，正是鼓浪屿发展的黄金时期，华侨们将从南洋挣回来的血汗钱为家人在鼓浪屿筑安乐窝，将内地迁来的家眷安置在这个美丽而相对安全的小岛，自己仍然出洋去。

20世纪初大量人口迁入鼓浪屿，主要就是闽南华侨。

早年鼓浪屿富人家庭结构大致分成这两种类型，其中一类是传统的妻妾成群型家庭，这倒也不仅仅用好色可以解释的，富人间的攀比与排场可能是造成这种现象的最大原因。无论如何，多妻制是令人厌恶的，

已经是危楼的林祖密故居之一，据说林祖密曾在这里雇佣日人呼来唤去，以泄愤。（泓莹摄）

台湾富绅林祖密的外孙女蔡颖芳在回忆这位仗义疏财的闽南军司令的私生活时有颇耐人寻味的叙述。

台湾雾峰林家一直因袭清代家族的"大户制"——中国传统聚族而居的大家庭生活，纨绔子弟婚前纳妾常早于娶妻，婚后妻

妾成群是寻常事儿。大名鼎鼎的板桥林家也一样，相传林维源就有19位姨太太，而雾峰林家到了林朝栋这一代，台湾被日本人侵占，举家请旨内渡，林祖密那年17岁，已经有正室了，他的正室是杨嫦娥（月蟾），是诰命一品夫人杨水萍杨太夫人亲点的，据说生得眉清目秀，亭亭玉立。

官宦小姐杨嫦娥跟着内渡大陆的夫家来到鼓浪屿，雾峰林家在三丘田和四枞松之间筑了"乌楼"和"红楼"。据说林祖密和杨嫦娥的婚礼是在厦门举行的，按在鼓浪屿出生的蔡颖芳的说法，她的"外爷"和奶奶感情非常之好，但这个"好"却控制不住林祖密喜欢娶妾的习惯，林祖密后来奉父命回台湾管家理财，相继娶了"二奶奶、三奶奶"。1904年回鼓浪屿定居并申请退出日籍的时候，连带着子女，是浩浩荡荡一群……而一直在鼓浪屿侍奉公婆的正室杨嫦娥十分大度，"协助林老太太杨水萍把林家操持得井井有条，姐妹间相处亦十分融洽得体……"

这里的姐妹们就是妻妾们，大户人家妻妾"和平共处"，说起来也是当时鼓浪屿一景：

当然，二奶奶她们对姐姐也非常的敬重。鼓浪屿的红楼寝室区分为正房和左右偏房三幢，正房朝向正东，偏房则各倾斜15度，偎依在其左右。这表明左右对正中的敬意。每天早晨，二妹三妹都要早早起来，先到正房向姐姐请安，然后，姐妹们一道高高兴兴地去给婆婆请安。若妹妹们要是遇到什么棘手的事啦，也都喜欢跑去问姐姐，姐姐在她们心目中始终是位宅心仁厚的人，也是她们的主心骨。当然，也正因为奶奶对外爷的宽容，外爷后来在漳州经营公司时又娶了四房，在福州任职时娶了五房和六房。再后来，外爷被害，奶奶把四房一家接到了鼓浪屿，对没有孩子的五妹六妹则劝说她们重新另选人家了。奶奶就这样在林家渐渐树立了威望……（《台声杂志》2008年第10期）

从孙辈蔡颖芳的叙述中，我们可以看出那个时代大家闺秀嫁

鼓浪屿原住民

泓莹 著

修葺后海天堂构的广东姨太楼 （泓莹摄）

入大家庭的"风范"。知书达礼的杨嫦娥主要是以"妇德"而在雾峰林家安身立命的：

杨嫦娥始终是个好儿媳妇，自从进了林家，就一直替林祖密侍候着母亲杨太夫人，她既不参与林家妇人们之间的口舌之争，也不参与那些是是非非、尔虞我诈的各种算计。她一方面帮助杨太夫人管理照料家中的各种琐碎事务，像监督佣人们干活，帮助杨太夫人整理账目等；另一方面，杨嫦娥又总是千方百计地想着法儿陪着婆婆寻找各种娱乐，使婆婆能够每时每刻都感觉得到快乐开心。杨太夫人喜爱玩牌，杨嫦娥原先不会，可她为了能够陪婆婆，自己硬是学会了玩牌，以后只要杨太夫人要玩牌，杨嫦娥总是随叫随到，不离左右，即使手头正忙于其他什么事，她也立即放下活儿来陪婆婆。

这样的人生基本上没有自我，正妻尚且如此，何况"妾"乎。虽然有妻不如妾之说，但说起来，鼓浪屿这些花园洋房里的姨太

62

太，和一般闽南深宅大院没有什么两样，大部分是侨眷，当然也有土匪的姨太太，如花美眷虽然养尊处优，却终生与亲人难得一聚，其内心的凄楚可想而知。

多妻制肯定是中国传统文化中的糟粕，据说孙中山就曾经严厉地批评过林祖密，说他啥都好，就是喜欢娶姨太太这点不对头，"你这么做了，也是对人家女子不负责任的表现，要不，你就不革命，不革命就不会有牺牲"。

蔡颖芳说，从此林祖密就不再娶妾了。但他这时已经有了6个太太，颇为滑稽的是，这个数恰好是当时鼓浪屿一般富贵人家太太的数目，据说一天带一个应酬，不重复，就算有面子了，中国人的面子真是令人悲哀的物事。

海天堂构是鼓浪屿福建路一个很大的建筑群。

按龚洁先生的说法，中楼原来是洋人俱乐部，被发迹于菲律宾的富商黄秀烺买了过来，修建了中楼和两侧的西式别墅，他自己住中楼。左手边的别墅属于他宠爱的广东姨太，这位姨太太又招来同乡，即菲律宾华侨黄念亿，黄念亿在后面两侧又筑起两幢巴洛克风格的别墅。

四幢西式别墅簇拥着宫殿般宏大的中楼，正对着黄荣远堂的这个重檐歇山式门楼，当年缠满青藤，是福建路上颇具特点的一景。鼓浪屿许多华侨的洋房很多都有这个特点：中式门楼，或其他中式装饰，嵌在西式建筑上，一如集美的嘉庚式建筑，闽南式轻灵起翘的屋顶总是骑在厚实的西式底座上，或者有金发碧眼的洋妞被压在大梁下，有专家说，这叫

昔日缠满青藤的海天堂构门楼
（泓莹1995年摄）

"厌胜"！

这款典型的华侨建筑在南洋也很常见，海天堂构外观是中式宫殿的气派，内部是西方式的方便与舒适，当然最正中的藻井又是最典型的中国式结构，犹如一颗永远不变的中国心——鼓浪屿这些与洋人筑就的纯西式建筑不可同日而语的、错综复杂的华侨建筑，正是那个时代"富起来"的，尤其是漂泊在异国他乡的华人矛盾心态的最典型写照，其中当然不乏审美上的偏颇。

海天堂构的走廊宽阔而深邃，鼓浪屿很多老别墅都是这样的，这样的走廊四面通透，周边鸟语花香，当年是妇孺读闲书、做针黹的绝好去处。这本该筑在晋江故里的楼房，和其他华侨豪宅一样，因为兵荒马乱，土匪横行，都集中到鼓浪屿这样主要由洋人管理的"万国公地"里来了，当年鼓浪屿工部局的市政管理是的确很有一套的，就笔者读过的资料看，屋檐多长，公共空间留多大，都是有明文规定的。洋人、华侨，甚至是土匪，统统都得遵守这些规定。所以鼓浪屿的路再弯再陡，都还是有些规格的。

不知这个宏伟的建筑群鼎盛时住过多少"房"。

按"闽南野史"侯伟雄先生的说法，黄秀烺是"草根银行家"，这位草根银行家早年在菲律宾做粮食生意，不知是不是从小本的"菜仔店"做起。晋江地区流传的民间故事，叙述黄秀烺是一个勤快又聪明的小伙计，老板对他很满意，他后来做生意的第一笔钱就是老板给的，经历和黄奕住有点相似，闽南华侨大致都是这样发家的……

传说归传说，黄秀烺原先做的可能是"米郊"，即粮食生意，后来做的是钱庄和乔批，或者叫邮传业，与北方的票号或镖局功能相仿，与现代邮政更接近。黄秀烺和南洋东洋（日本）都有生意往来，估计后半生与日本人关系相当密切。

笔者在晋江做田野调查的时候，去过东石镇黄秀烺为自己和家人经营多年的墓园"古檗山庄"，发现这位没有受过太多教育的

晋江东石镇古檗山庄一角 （泓莹摄）

草根银行家很有意思：一是崇尚名人墨宝，墓园左前方有一颇为欧化的建筑，里头镌刻着无数名人墨宝；其二是左上角有一精致建筑，供奉日本人送的一个偶像，这偶像抗日期间就被毁了，究竟是什么后人已经说不清了；其三是坟墓布局，正面是他自己和原配合葬的大墓，这个讲究的大墓由清末最后一个武状元黄培松题碑，其后是六七个姨太太的坟头，最后才是父母。其中有两个坟墓上面似乎没有文字，或者是时光流逝漫漶不清也不一定，旧时没有名字的女人当然很多，但既是妻妾，用黄什么氏也是可以的，不知无字是什么原因？

据说黄秀烺是"多头家"，他在各地经商，一个地方就有一个女人照顾他的生活起居，比如所谓"广东姨太"等等，晚年姨太

黄秀烺与原配合葬的大墓 （泓莹摄）

太们是否都住到鼓浪屿来就不得而知了。即使住在这里，见男人的机会想必也很少，估计黄秀烺到晚年自己才定居鼓浪屿。他生性颇好风雅，也努力做过不少善事儿，曾经与黄奕住重修泉州开元寺东西塔，曾经出面调解乡里械斗。管理山庄的人告诉我，黄秀烺去世后，灵柩从鼓浪屿运至晋江，在古檗山庄中的息亭停柩，择日隆重下葬，葬仪估计完全是传统样式。有意思的是，古檗山庄中大大小小建筑都是欧化的，据有关专家说，晋江黄秀烺的古檗山庄，可能就是今日南洋华侨豪华"义山"的源头。这样的铺张不值得渲染，但黄秀烺的传统文化情结颇耐人寻味。

海天堂构对面有一美丽欧式建筑，我懂事的时候，叫"前线幼儿园"，我在这里读了几年书，园长是美丽脱俗的"马老师"。

黄荣远堂的主体完全是西式的，花园却是中式的，估计早先是洋人修筑的，施姓华侨买过来再加以修饰，一说是施姓华侨建的，都说黄荣远堂是黄仲训赌博赢来的。鼓浪屿这些传说，多半美丽有趣，且不去考据它的真假。黄仲训名声在现代地方志中似乎有点问题，这位中国秀才在安南（越南）就入了法籍，鲁迅先生在厦门的时候，他正因为造大别墅侵占日光岩闹得沸沸扬扬，据说是仗着自己是法籍而"胡作非为"，所以很"荣幸"地进入鲁迅的文章。有意思的是黄仲训一相情愿地认为日光岩就是郑成功的水操台，"恢复"修筑了他以为的样式，这个样式就一直留到现在，虽然没有确凿的史学依据，却很是满足了国人崇拜英雄的心理。

"好名之过，文人通病，无足怪也"，这是当年黄奕住等鼓浪屿名流在调停意见书上的片言只语，但实际上当年归侨巨贾，包括幼年因家贫失怙，可能文化程度不高的黄奕住，都有结交士绅名流的习惯。这不仅仅是附庸风雅，风雅不但有助于提升他们的社会地位和生活品质，更有昭示了当年的华侨巨贾尊重祖籍国文化，恪守传统的良苦用心。

有着"假洋鬼子"外壳的黄仲训相当钟情中国传统文化。黄仲训祖籍同安，发家是他父亲黄文华，守住家业并发扬光大是他的二弟，文史专家洪卜仁先生是这样说的。洪先生去年到越南西贡寻找到黄仲训故居和相关碑帖，他说黄氏兄弟们在家族里相对是分工的，黄仲训的作用是凭借自身文采结交学界绅界名流，抬高整个家族在社会上的文化品位和声望。

黄仲训后来将黄荣远堂交给他的三弟管理，时姑说他们都叫他"三舍"，三舍可能就是三少爷的意思。时姑是我母亲的同事，其清白无瑕的一生一世，很可以一瞥鼓浪屿当年大多数住在地下室的"劳动人民"的本色。

时姑丈当年是黄家"三舍"聘来的园艺匠，那时工资挺高，一月6块大洋，时姑是后来时姑丈从家乡惠安娶来的。解放后时姑丈失业，政府安排他在菽庄花园做事，个性太强，不知何故拂袖而去，从此无业，偶尔打些零工，一家6口主要就靠时姑三十多

元的工资，日子当然过得很
拮据，但气度非凡的时姑撑
起了整个家庭！在我的印象
中，时姑脸上的笑容永远如
冬日里的阳光，灿烂而且温
暖——这是我所见过的，品
质最好的人之一，尽管她几
乎一辈子都住在黄荣远堂这
个地下室里！

时姑，有个名字叫蔡时
英，但所有的人都叫她时姑，
母亲她们都叫她"时主任"。
对一个医院的工友来说，这
是一个很奇怪的称谓，这位
目不识丁但善良了一辈子的
老人，她并不知道什么是雷
锋，但任何时候都在帮助别
人而从不虚情假意，任何时

黄荣远堂 （泓莹摄）

候都诚实，从不去索取不属于自己的东西，从不刻意麻烦别人……

印象最深是她总是与母亲就工会补助的那一点钱推来推去，
母亲是科室负责人，每每替她签了字，领了那少得可怜的一点钱，
这点钱对别人没什么，对她可是极重要的，可时姑总是要让给别
人，而当时没有人比她更困难了，时姑，虽然生活困难可从不愿
意揩公家一点油！

母亲说最令人感动是"文革"期间，有一大批人挨斗，那是
一个谁也不敢理谁的年代，时姑却不信这个邪，一如既往的古道热
肠，将当时被斗得死去活来、几乎失去生存意志的黄桢德院长感
动得泪汪汪的，当然，得到时姑帮助的还有温医生、潘医生……

时姑，有时就搁下自己家里的一大堆家务事儿，腾出手来，堂而皇之地伺候这些被折腾得半死不活的"牛"们。她总是无微不至，会说一些质朴的笑话，一脸喜气洋洋的笑容，哪怕你已经心如槁灰，生命火花都会被她重新点燃！

也许"时主任"，就是从那时开始叫的吧，我不知道，只知道所有的人都喜欢她，母亲和她尤其好。从闽西回来之后，有时甚至就和时姑住到黄荣远堂那深邃的地下室里，一起食地瓜稀饭，唠叨一些只有她们自己才明白的事儿，对于食宿极挑剔的母亲来说，这也是很奇怪的，她并不随便到什么人的家里去住，哪怕是豪宅。

鼓浪屿救世医院的人基本上都信基督，而一直到时姑突然跌跤去世，我才明白她原来信佛。其实人信什么并不重要，关键要有一颗善良的心。旧时鼓浪屿像时姑这样的老人是很多的，他们"古意"而不造作，清寒而并不奴颜婢膝。

……

言归正传，男人们用在南洋"打拼"来的侨汇置业造房，很快又漂洋过海去了，鼓浪屿华侨的洋楼，多半住的仅仅是眷属，主人公都还在南洋或者国内的大都市发展，南洋也就还有"另一头家"。这种两头家的现象与一般的妻妾成群不一样，就笔者个人了解，男主人公往往更

20世纪50年代末鼓浪屿普通居民
（陈黛丽供稿）

钟情于南洋的那一头家，长年累月相濡以沫，其亲情自然不可与在"唐山"这些有时几十年都见不到一面的陌生妻妾同日而语。

但唐山明媒正娶的妻室却是不容忽视的，她们往往与长辈住在一起，行为举止虽然受到严格限制，但她们侍奉公婆，替远隔重洋的夫君尽孝道，理所当然被视为正宗，体面尊贵，其中酸甜苦辣，唯她们自己知道。

鼓浪屿的花园洋房里，这些外人看起来养尊处优的妇人生活其实是很悲凉的，长年累月见不到男人的面，洋房里阴盛阳衰是很常见的，百无聊赖的妇人们唯一的指望是还算充裕的侨汇，一旦战争侨汇中断，后果当然不堪设想。据老人们回忆，抗战期间，鼓浪屿饿死的侨眷不少！

笔者母亲有位中菲混血的同事，结婚三天男人就去了南洋，八年抗战，她说，她闷死了"一肚仔"！这位幽默的爱说笑的老人是菲律宾归侨，深眸大眼，一头美丽的鬈发——估计有一点西班牙血统。笔者认识她的时候，她已经很老了，头发还是乌油油的，可以想见她年轻时多漂亮——她原配男人至今生死未卜，战争结束还是没有回来，这样大户人家的媳妇，后来就在救世医院里做了工友，直至晚年才又凑合了另一桩婚姻！

尽管寂寞，当年鼓浪屿妇人应该很少红杏出墙，或者说很少公开"出墙"。这可能有几个原

20世纪初星马闽南籍儿童
（王炳晋、梁怀槟供稿）

因：其一，蕞尔小岛，岛上也就那么些个大户人家，"鸡犬之声相闻"，却是老死相互往来！廖永明先生说，早年鼓浪屿人彼此都是认识的，抬头不见低头见，些微小事动辄全岛皆知，谁也不愿意成为人们茶余饭后的笑料；其二，旧时闽南大家族家规极严，对女性控制尤为严酷，再加上在鼓浪屿传播的基督教以自律的清教为主，大部分信教的女性有洁癖。这种洁癖后来甚至成了普遍习惯，事实上旧时鼓浪屿女人是雅而不俗、清而不媚的，略有轻佻之举就可能不被"主流社会"接纳。

这可能也是一种特色吧。

旧时鼓浪屿的"闺秀教育"颇具特色，也可能是得益于中西文化的融合互补，早年鼓浪屿的社会秩序是颇为西化的，一些人的生活也相当西化，奇怪的是很少见到挟洋自重的"洋奴"，应该说这是有自尊地汲取西方长处，这可能仍然与归国华侨有千丝万缕的关系。

在海外的华侨谋生不易，在海外和闽南典型的侨乡社会中，闽南本土社会文化向来就是命根子，在西方文化的冲击下，当年华侨们的恋根情结似乎表现得比中国其他地方更浓厚些。此外，闽南地区可能因为是程朱理学的诞生地之一，对女性是极端不平等的，鼓浪屿人算是相当重视女性教育，但除非特别开明的家庭，女孩子接受高等教育毕竟还是少数。一些从闽南到鼓浪屿来读书的女孩，一般也就是读师范和当时设在救世医院的护专。像林语堂永远的恋人，陈天恩女儿陈锦端能到上海读圣玛丽女校，而后又到美国攻读美术的女孩的确很少，而林巧稚、周淑安、何碧辉、黄墨谷等则是这些幸运儿之中的天之骄子……

北京协和医学院的高材生林巧稚与何碧辉都是从鼓浪屿走出去的。何碧辉比林巧稚小两岁，低一届。"南何北林"都是中国现代妇产科学的泰斗，说起来，鼓浪屿毓园（梨仔园）也应该为何碧辉立个雕像，因为这是一对同样出众的姐妹花！

鼓浪屿原住民

泓莹 著

青年何碧辉肖像 （何会珠供稿）

林巧稚是大家很熟悉的，何碧辉一般人可能就不知道了。据不少医学界的前辈回忆，何碧辉人品和医学成就决不在于林巧稚之下。祖籍漳浦官浔的何碧辉出生在鼓浪屿一个基督教世家，当时家里姐妹多，家境相当贫寒，她们都在教会学校读书，何碧辉自幼便显出异乎寻常的聪明才智。她在北京协和医院以优异的成绩获医学博士之后，受聘南京中央医院妇产科，不久就升任住院总医师，十年临床，1944 年赴美国，先后在约翰·霍普金斯大学医学院和密执安大学医学院深造，是那个年代十分罕见的双料女博士。

何碧辉回国后任南京中央医院妇产科主任，建国后曾经任全军唯一的妇产科医院 82 医院的院长，1965 年升任南京军区南京总医院副院长，一级教授，是一至五届全国人大代表。何碧辉不单自己医术高超，还无私地培养了大批人才，她的名言是："不会看病的医生就不是好医生。"

何碧辉对弟子们有一个颇严酷的要求：无论如何，一律从住院医生做起，进产房工作的弟子，必须接生满 500 个孩子才能出产房。据说她脾气相当火爆，言词犀利，一针见血，心理素质较差的人不一定受得了，所谓的名师出高徒，想必情商也是很重要的。

……

鼓浪屿这一对北京协和毕业的姐妹花有一个特点：终身不嫁

献身医学，这在教会医院是正常的，但这样的献身实在有悖于中国人"不孝有三，无后为大"的传统观念，一般家庭当然不愿意自己的女儿过这样的生活。

当年鼓浪屿毓德女校有一门相当重要的课程家政，大部分家庭培养女孩儿的目标就是有教养的贤妻良母，思想相当开明的南洋巨贾黄奕住也不例外。藏锋蕴秀的黄萱师范毕业后是很想到大学深造的，但按照黄奕住先生的家规，在学业上，男孩儿不限制，只要能读就尽量读，女孩儿初中毕业后则一律在家中延师设帐，再也不许到社会上抛头露面，即使他最疼爱的嫡亲女儿黄萱也不能例外，估计这里还是男尊女卑的"传统"思想在作怪。黄奕住先生的意思是让女儿具备现代家庭贤妻良母所需要的知识与教养就行了，可见传统的，男主外女主内思想仍然主宰着这位当时思想算得上很前卫的实业家。

有趣的是这样的教育方法却仍然蕴出一颗明珠：精通中英文，尤其具有深厚国学修养的贤妻良母黄萱，1952 年到 1965 年间，担任中国现代文化大师，著名"学衡派"领军人物陈寅恪的助手，协助陈寅恪完成一系列重要著述。没有"家庭妇女"黄萱先生鼎力相助，目力不济的陈寅恪晚年是不可能有如此成就的。

可见优秀女性的潜力有多大。

富家千金黄萱嫁给书香门第的周家，夫婿周寿恺曾经就读北京协和医学院，是著名的医学教育家、内科与内分泌专家，曾经跟随林文庆博士的儿子林可胜医生，活跃于抗日前线救死扶伤。黄萱跟随夫君冒着生命危险辗转千山万水，历经磨难无怨无悔，据前辈回忆，她常常亲手烘制蛋糕，招待前来进行病历分析和学术研讨的，来自世界各国医生们，想必没有黄萱辅佐，周寿恺也不可能取得如此大的学术成就……

黄萱有一个闺中密友叫"墨谷"，从她与黄萱唱和的诗词看，也是才华横溢的大家闺秀，不知鼓浪屿当时有多少这样的闺秀？

黄墨谷走出鼓浪屿后成为学有专长的词学专家……而更多的时候,更多的大家闺秀终日徜徉在父兄夫君为她们构筑的花园洋房里,她们的低吟浅唱只不过是日常生活中的点缀,她们的才华有时永远不为世人所知,但鼓浪屿女孩的优良品质却是有目共睹的。据说陈嘉庚先生的几个儿媳妇都是美丽贤慧、有现代文化教养的鼓浪屿姑娘,而文学大师林语堂是这样叙述太太廖翠凤的:"廖二小姐没有一般有钱人家大小姐娇生惯养的坏习惯,她有良好的家庭教养"!

良好的家庭教养当然来之不易,鼓浪屿另外一类家族信奉基督教,他们严格遵守一夫一妻制,再有钱也如此。比如在第二章叙述过的陈天恩或林语堂的岳父廖悦发一家,比如曾经追随孙中山的风云人物许春草和一生循规蹈矩的牧师许序钟一家,再比如在二战时期料事如神,政治上却不偏不倚的张圣才……

也许因为基督教信仰,他们或者家人有更多的机会受教育,汲取了基督教中的价值理性传统,他们的行为举止更节制一些,这种宗教节制与中国传统儒家思想有相通之处,却又不完全等同于"封建专制",从某种角度来说,掺和着相当分量的清教色彩和近现代民主思想。

随着得天独厚的文化交融和时间推移,当年鼓浪屿有教养的家庭越来越多,他们也许富裕,也许只是一般殷实人家,还有一些相对贫穷,但有一个特点很明显,就是崇尚教育相信科学,温文尔雅,相对循规蹈矩。

这里以林语堂的岳父廖悦发为例。

鼓浪屿廖家,现在因为林语堂而出名,也常常因为林语堂而谬误,事实上廖家在鼓浪屿原本就是著名世家,由廖家辐射出去的、活跃在全国乃至世界上的名流是很多的,后来的鼓浪屿人只知道廖家医生多,却不十分明白他们早年的发家史。

不单黄秀烺,说廖悦发是草根银行家也是可以的。事实上鼓

20世纪20年代新加坡廖家少年和伙伴们 （王炳晋、梁怀槟供稿）

浪屿许多世家早先的草根性都非常明显。当然与小学徒黄秀烺或小剃头匠黄奕住不同的是，廖悦发是早期到厦门港"打拼"的龙海人的第二代，说起来已经是"少爷"了，那个时代少爷与纨绔子弟几乎同义，但在廖家却有些不同。这个笃信基督教同时还脱却不了浓郁儒教色彩的鼓浪屿世家，相对来说，纨绔子弟是比较少的，这可能与他们的祖宗廖宗文有关系。

想必出身穷苦的廖宗文治家很严，廖悦发也一样，他的孙子廖永明先生曾经幽默地说，他们的祖宗是靠卖烧木炭的红泥炉儿（闽南人叫"烘炉儿"）起家的，后来廖悦发和大哥廖清霞在他父亲廖宗文做杂货生意起家的地方重修竹树脚礼拜堂，并于1923年修建宗文小学，为的就是纪念他令人尊敬的父亲。

19世纪初，龙海籍廖宗文兄弟在厦门"渔仔市"（如今第八市场）挖到第一桶金后，廖宗文的三个儿子（在《林家次女》中，林太乙写作4个，可能是笔误）有两个到南洋闯荡，这就是廖悦发与兄长廖清霞，小弟廖天赐则留在厦门。

　　廖氏兄弟携资出洋，估计他们早年读过教会学校，英文相当好，到南洋后娴熟而巧妙地周旋在洋番和土番之间，很快就赚了"大钱"。廖清霞留在南洋继续发展，廖悦发回到"唐山"做侨批和钱庄，那时正是厦门鼓浪屿钱庄业的黄金时期，廖悦发的豫丰钱庄很快就做大了，同时他投资各种实业，比如和陈天恩等一起合股做"淘化大同"等，在厦门还有自家的码头和仓库店面。

　　廖悦发在鼓浪屿选址筑洋房，聚族而居，据廖悦发的孙子廖永明先生回忆，廖宅大概筑于140多年前，那时鼓浪屿人口稀少，地皮相对便宜，但有能力在鼓浪屿修筑豪宅的华人不多。廖悦发是廖家老二，洋房是他筑的，但却严格按长房长子才能继承祖业的原则，产权证上挂的是兄长廖清霞的名字，从这一点上，可以看出他相当正派的为人和传统观念之浓厚。

　　那时廖宅依山而建，恢宏大气，每一个细节却又精美绝伦！

　　林语堂的女儿林太乙在《林家次女》中是这样描述的："外公的花园洋房就在绿荫处处的山上，花园里有盆栽，有棵高及二楼阳台的玉兰树，蝴蝶在绿叶中飞舞，还有酒坛，装着廖家自酿的黄酒。廖家男人从外面回来，会揭起盖子顺手舀起一瓢起来喝。走上宽大的石阶便是走廊，石阶后是大厨房，大厅方方正正……"

　　不单大厅方方正正，每一个房间都是方正的。

　　林太乙当时很小，小孩子眼里的东西都是大的，所谓的"山上"，只是一个和缓的坡，但规模宏大的廖宅背负东山顶这是肯定的，当年占地很大，视野极开阔，廖家也不仅仅在漳州路有房，只是他们习惯聚族而居罢了。这就是说，当年廖悦发修筑的花园洋房大到可以包容了所有在"唐山"的廖家子弟，如今廖家后代所谓的大房二房三房，不明就里的外人很可能误会为妻妾成群，其实这分别指廖清霞、廖悦发、廖天赐三兄弟和他们的后代，因为，笃信基督教的廖家子弟是绝对不允许娶妾的。

　　这是一个很有意思的现象。

漳州路46号，林太乙"派头很大的二舅"廖超照在这里住过（泓莹摄）

　　廖家女孩儿是不裹足的，家政训练却又十分严格。闽南人重男轻女的倾向仍然严重存在，这是近代鼓浪屿最典型最耐人寻味的大家族之一，既继承了中国传统文化又虔信基督教，他们有殷实的家底，但并不能轻易挥霍在不能挥霍的地方，廖家少爷再有钱，也只能娶一个太太。廖永明的父亲廖超烈，就是笔者非常熟悉的那位沉默寡言养种鸡的老人，早年在香港曾经风流过，有一外室并生有女儿，家里人也都知道，但这位姨太太从来就不能踏入鼓浪屿一步，鼓浪屿的亲戚去香港探望倒是可以的——很有趣的规矩。

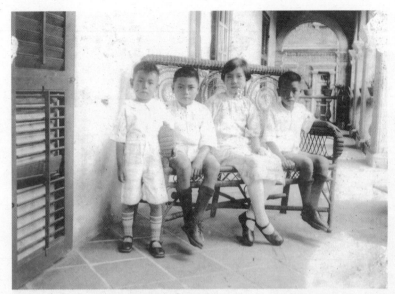

20世纪20年代鼓浪屿漳州路44号前的廖家少年　（廖明莉供稿）

　　他们家教太严了，尤其在廖悦发管理这个家族的时候！

　　旧时鼓浪屿一些大户人家妻妾是不计其数的，谁是谁的种却又不能言说的情况也是很多的，廖家族谱却相对清晰明净。眼前这几位翩翩少年，其中之一就是廖永明。这位30年代厦门著名的运动健将和体育教练，在珍珠港事件后，日本人上门聘请他当水上运动教练，屡屡碰壁，最后竟然动武，他的姐姐闪身卫护兄弟，惨遭日本人枪托粗暴的攻击。廖永明含泪泅水而逃，谁知上岸后又让"国军"给抓了，身上缠绑的细软被一掳而光，然后关到监牢去了，原因是"国军"曾经请他去某地做田径教练，他因为宗教信仰而不愿意前往，这就变成"罪过"了。这真是奇怪的定罪！后来是属于三房的本家廖超勋通过关系将他赎了出来。

　　如花女孩从此卧床不起，吐血而夭折，这个女孩叫廖玲琴。

　　"我姑姑是很聪明的"，廖家第五代女儿廖明莉说，"我在二中读书的时候，姑姑的同学是我的老师，她说姑姑钢琴弹得太好了！"那个遥远的廖家女孩的刚烈令人无言，不知廖家还有多少故事令我们动容……笔者多次与小廖相聚而谈，小廖是在笔者离开鼓浪屿之后才跟着父亲回鼓浪屿的，我们住在漳州路46号的时候，并不知道她，她当然也不知道我。我们擦肩而过，我说。

小廖说她们之所以对林语堂一家有更多的了解是因为祖母的二姐杨翠竹嫁给了林语堂的二哥玉霖，"来自金门的杨家小姐，一个嫁给廖家，一个嫁给林家，这也是缘分吧，"她笑道。

漳州路44号是廖宅的主楼，林语堂住过的"新娘房"就在二楼，现在是廖永明先生的卧室。主楼前面曾经是大片的花园，后面是带楼房的庭院，前面有悬廊和48号相通，48号正厅是家族餐厅，厨子做好的饭菜就通过悬廊送进来，其他房间是读书用的，所以叫立人斋，任何一房的子弟要读书都可以在这里，外人也很多。廖永明先生说，当年一代天骄陈文麟就常常和父亲廖超烈在一起，当然他们主要是玩，开着汽艇在金厦海峡来来往往是常有的事儿。

19世纪末20世纪初，廖家的确是鼓浪屿数一数二的世家，他们信奉基督，作风严谨，对外人却似乎十分宽容。林语堂在平和坂仔出生，很小的时候就坐"夫妻船"到鼓浪屿读养

漳州路44号后楼 （泓莹摄）

元小学，也就是鹿礁小学，他和廖悦发次子廖超照是同学，所以说他少年时代就在这里读书、玩耍，甚至吃饭并不过分。廖明莉说，她的曾祖父当时家大业大，并不在乎多少人吃饭，廖宅当时几乎是开放的，是鼓浪屿世家子弟聚会的场所。

林语堂和廖超照，到大学都还是同学吧。另一说，林语堂的姐姐又是廖二小姐的同学，在那个时代，林家与廖家几乎是水乳交融。

鼓浪屿第二届诗歌节的时候，诗人们都

漳州路48号"立人斋"　　（泓莹摄）

在"立人斋"前照相，无比固执地认为这就是林语堂的新娘房，因为现在这里看起来更雅些——关于林语堂新娘房，方志前辈们是有分歧的，因为廖翠凤是嫁出的，她的丰腴让林语堂的父亲林至诚说过这样一句话："新娘的花轿要大顶的，新娘子是胖胖的唷。"林语堂迎亲的时候津津有味吃掉甜茶里的龙眼曾经令廖家女人们"吃吃地笑"，说廖宅是林语堂的新娘房似乎将这位大师变成上门女婿了。不过从现代人的眼光看，这样说也没什么大了不得的，毕竟林语堂的大女儿林凤如是在这里出生的，当时廖翠凤难产，还是名西医"二舅"廖超照，即笔者所熟悉的老廖医生"救活了她们"……

应该这么说吧，林语堂娶的是龙海廖家第三代女儿，笔者眼前的小廖，廖明莉，是第五代了。小廖给我带来厦大整理的林语堂的资料，我说你眉眼与廖翠凤还真像，"廖家人的特点就是这么明显"，她笑了起来。小廖是十年前读了《古井、非洲菊和三叶草》一文后，从龚洁先生那里要到我电话的，说起来，我们已经认识很久了，其间见过两三次面，有时是因为工作，其时她正做着印刷业；有时因为我的创作。是圣诞节后不久吧，她带着我进入"林语堂新娘房"，她的父亲廖永明先生还住在这里，我觉得廖永明像极了他的二伯，我熟悉的老廖医生，就是林太乙笔下"派头很大的二舅"廖超照。林太乙曾经在《林家次女》一书中将廖超照写作"廖超兴"。

那天年近九旬的廖先生说了很多，我一点一点问，他滔滔不绝地说，我曾经陆陆续续从史书和档案馆逮来的东西，再经过他的记忆，掺和着我自己的，场景就这样一点一点鲜活起

林语堂和廖家兄弟姐妹
（林梦如、廖明莉供稿）

来。小说情节和人物可以虚构，历史背景和细节一定要逼真，写《鼓浪烟云》的时候，我一再地告诫自己。

后来我和小廖约定要整理老照片，三四年过去，重新见面的时候，她为我画了两张图，一是廖家庞大的族谱，二是包括我们当年住的漳州路 46 号在内的廖宅轮廓，而且一再强调，玉兰、芒果和这些老宅一样，有 140 多年的历史了。那年老芒果只结了一个，大家都说是"硕果仅存"！

笔者小时候，芒果总是垂实累累，如今廖宅老了，养元小学也不复存在了。

林语堂当年读的养元小学，就是我们后来读的鹿礁小学，随着鼓浪屿人口外迁，渐渐寥落了。这个学校早年的运营，想必是靠教会中人捐款。廖永明先生说，其中还有镌着他名字的碑呢，钱是父亲廖超烈捐的，那时他还是孩子，而林语堂那时在厦大供职，他是被厦大校长林文庆的儿子，当时在北京协和供职的林可胜博士邀请到厦大的，正值风流倜傥的年华……

我们住过的 46 号，是后来建的，欧化色彩就更浓郁些——小廖说老廖医生也曾经在那里住过，各房分配，大概是按一定体例的。廖悦发治家很严，管理这么大一个家族非常不容易，所以他脾气很火暴。46 号在上个世纪 30 年代廖家家道中落后，连带主楼前花园的一部分都卖掉了，按我母亲的说法，46 号解放前是看洋人墓园的人住的，不知是不是道听途说？母亲在金瓜楼结婚，她是在我出生后才搬到这里的。救世医院，当时已经叫厦门第二医院了，后来又叫反帝医院，有许多医生护士都住在这里，这是题外话。

透过精气神十足的廖家少年，我看到了我写过的场景，透过这个场景，我看到了更遥远的过去，看到第一代龙溪人闯厦门港"打拼"，然后出洋去经商。那口我异常熟识的深井，是住在这一带的人赖以生存的，廖永明先生说，这是鼓浪屿"第二深"的井，

"第一深"在前面，大概原来也在廖家范围之内吧，井水质量都很好。

在这个缺水的小岛上，有甜井便是福地。

想必当年廖悦发在这里造房，是经过深思熟虑的。不知廖悦发是不是真的像林太乙描写的那么不苟言笑，林太乙在鼓浪屿斗"三叶草"的时候，他年纪已经很大了，"那

铁饼冠军廖永明 （廖明莉供稿）

年，豫丰钱庄由于海外和内地来往的公司欠巨款不还，所以垮了。豫丰倒闭后，讨债的封了廖家的产业。廖悦发背了一身债，还要养两个儿子媳妇孙子，母亲回厦门时，发现外祖父脾气变得更加暴躁，有时在三更半夜发脾气，吵得全家鸡犬不宁。"（林太乙《林语堂传》）

就像现代邮政汇兑逐渐取代起源于"水客"的侨批一样，古老的钱庄逐渐被更现代化的银行取代应该是历史必然，这也是所谓的社会转型吧。这个时期倒闭的钱庄可不只廖家，南洋巨贾黄奕住，回国后"创立日兴银号，以与南洋群岛共呼吸"。 在这个阶段也将曾经十分兴旺的日兴钱庄关闭了。

廖家不得已变卖资产，家道渐渐中落。

好在廖家并不那么强调后代一定要经商，廖家子弟也并不见得如林太乙说的，都是纨绔子弟。我所知道的廖氏子弟，高学历的很多，学医的也很多，以至于到 20 世纪中叶，廖家仍然以出医生而著名，廖医生和廖医生娘变成鼓浪屿人经常拎起来的话题，据笔者所知，就有老廖医生和小廖医生。

　　老廖医生就是林语堂的同学，廖翠凤的二哥廖超照，曾经是厦大校医，陈嘉庚的私人医生。笔者懂事的时候，他年纪很大了，退休在家过着宁静淡泊的生活，从林太乙零星的叙述和老人们的回忆看来，廖超照与三房（廖天赐的后代）在政治上相当活跃的廖超勋性格不太一样，他是厦鼓甚至是闽南鼎鼎有名的内科医生，一生清高，不太愿意介入政治，医术十分精湛，德高望重。

　　两个女儿后来都去了美国，老廖医生娘是杭州大家闺秀，肌肤白皙，举止娴雅，是极其美丽极有教养的女人。他们解放后一直住在立人斋。廖医生娘爱种花，那时立人斋前有月季，有剑兰，玉兰树荫下，还有一畦宿根的非洲菊，红黄紫的花儿相间，十分悦目。清晨，穿月白旗袍的廖医生娘常在楼前莳花弄草，剪几支非洲菊做瓶供，有时也送人；老廖医生则阅读，食吐司、喝咖啡，他善饮白兰地，他那些烫金的大大小小的白兰地瓶，在那个粗糙年头看起来十分精致，一度成为这一带孩子们的玩物。

　　这时廖家豪宅原先讲究的悬廊早就不翼而飞，与之相对的廖家主楼里住着一位远近闻名的酒仙。我们都叫他老昌、小廖，他们家里人，叫他"酒醉的"。这正符合林太乙说的"大家习惯以每人最触目的缺点或特征为绰号"的习惯，别人叫他老昌则可能是因为他终生未婚。那年头鼓浪屿有许多终生未婚的男女，多半就是世家底，高不成低不就，还有一个原因可能就是历史惯性，因为在洋人开办的医院或学校做事，不结婚是很寻常的，旧时鼓浪屿有一个姑娘楼，而在洋人办的医院和学校里，有许多洋人"姑娘"，比如文姑娘、明姑娘等等。

　　老昌全名廖永昌，是林太乙大舅廖超冠的小儿子。

　　老昌是泡在酒里的活神仙，他房门前就有大片绿浪汹涌的葡萄架，夏秋时分，青生生的葡萄是一板车一板车拉去酒厂酿酒的，所以他哪怕已经是醉眼矇眬了，看到贪嘴的小孩，脸上还是凶巴巴的，也许青葡萄直接换了酒就下肚了。与老廖医生理性风雅的

1924年新加坡廖超杰寓所前的聚会 （王炳晋、梁怀槟供稿）

品酒不同，颜面永远酡红的老昌基本上是滥觞，他一日不可无酒，大概是什么酒都喝得的，一切供给来自南洋的姐姐。当然这都是邻里传说，在那个奇怪的年代，老昌自己是从不与任何人对话的。

按照廖家后人画的族谱，老昌的姐姐就是林太乙经常提到的"长得像两朵玫瑰花"的桐琴舜琴。她是这样写的："廖家的女人个个朴朴素素，实实在在，表姊们穿白底印小碎花的西洋布做的宽宽的旗袍，脸上干干净净，不抹多少脂粉。她们有点木讷，只谈家常，不谈时事。"按林太乙的描写，这对姐妹花并不在南洋，1949年以后均在大陆，1960年和文革时都被整惨了，想必没有能力照顾这个酒醉的弟弟，估计"老昌"经济是相对独立的，只是他行事做派奇怪，招引来一些议论罢了。

当然廖家海外亲戚很多，有一点侨汇也是正常的。

老昌总是独来独往，自斟自饮，酒多半是自家的，菜有时则从龙头"广州"西餐厅叫来，反正他门前酒瓮总是堆积如山，很大的露螺（蜗牛）懒洋洋爬着，也许老昌这样的人就算廖家纨绔子弟了吧。但其实老昌虽然脸相凶狠，却从未见过他伤害什么人，对偷青葡萄的贪嘴小孩，至多也就喝斥一两声，我后来才知道他原来是有职业的。老昌年少英俊时曾经学习美术，是英华中学的教员，因为一点事儿与学校当局闹矛盾，一怒之下拂袖离去。这样的鼓浪屿人也很多，因为有股实家底，工作与否实在是次要的，他们想怎么过就怎么过，习惯于"将拳头藏在袖子里"，也是许多鼓浪屿人的特点，他们多半有专长，却不怎么爱"秀"，老昌的画就画得很好，后来鼓浪屿电影院的宣传画都出自他的手……

不知这位酒仙，是不是酒后才能作画？

廖家烈伯与烈婶是我熟悉的，烈伯就是廖超烈，前面说过的，廖悦发的第三个儿子，那时也有些年纪了，慈眉善目温文尔雅，与沉默的酒神老昌比邻，有时似乎也替老昌管管葡萄架。那时葡萄架是鼓浪屿家常庭院最人性的选择，夏天茵绿凉润，冬日与你裸裎相向，让美丽的阳光百分百拥着你，坐在下面，温暖得可以打瞌睡……烈伯是很少打瞌睡的，他终日忙碌，养鸡养出境界来了，廖宅后面浓翠逼人的树荫下，是烈伯大而且规范的鸡屋，有天有地，有里有外，干干净净，似乎比人住的别墅还讲究些。

别人的鸡多半是土鸡，他的鸡却讲究欧美血统，都是有来历有身份的种鸡：澳洲黑、九斤黄、大芦花鸡，体形都庞大无比，营养充足毛色油亮，缓缓行进间颇有尊严的帝王相。当然还有当时很流行的美国来克亨，羽毛洁净如白鹭，比那些巨无霸活跃一些，生蛋就更活跃了，这款大白鸡除了生蛋似乎不会做别的，比如抱蛋什么的。

早年鼓浪屿人还有斗鸡习惯，这个习惯不知是源于旧时漳州地区的斗鸡聚赌，还是洋人或者华侨带来的习惯不得而知，因为，南洋也是有斗鸡习惯的。我懂事的时候，斗鸡已经很少了，烈伯有，他偶尔还在老昌茵绿的葡萄架下与人摆摆擂台，有人用土鸡蛋与烈伯换种鸡蛋，也有人抱着自家土鸡到烈伯家鸡房配种的，一般人养鸡没有烈伯那么讲究，杂种好养尽人皆知。

烈伯养鸡当然是因为乐趣，他的精细、专注和讲究，是我从未见过的，估计在南洋侨汇青黄不接的时候，烈伯的鸡们还有补贴家用的功能。

母亲的同事廖永廉医生是廖悦发的弟弟廖天赐长子廖超熙的儿子，小廖医生娘陈锦彩是林语堂恋人陈锦端的堂妹，读过护士专科学校的廖医生娘似乎结婚后就辞职在家相夫教子，可能是少女时代在上海读书的缘故，她身上晕染着上海女人精明能干的特质，不单家务井井有条，同时还极热心公益事业，90多岁高龄仍然为汶川地震灾民捐款。我印象中的小廖医生则是文武全才，一般人都知道他大提琴了得，却不一定了解他年轻时是体育健将，这对夫妻即使在人才济济的救世医院也显得极其出色，小廖医生曾经是救世医院内科主任，辗转闽西后回到鼓浪屿后担任了二院院长，鼓浪屿人却一直叫他廖主任，可能是他做廖主任的时期令人印象深刻的缘故。

廖主任的儿女都很出色，当然廖家和由他们辐射开去的、有名或者无名的大家实在很多，廖主任的两位姐姐都嫁给当代名医，其中二姐就是在非典时期作出非凡贡献的钟南山的母亲。钟南山的父亲钟世藩是厦门人，1930年毕业于北平协和医学院，后来到美国留学，是纽约州立大学医学博士，1946年担任从贵州搬迁到广州的中央医院院长，这个医院是广州人民医院的前身。

再说廖悦发的哥哥，一直侨居海外"打拼"的廖清霞，大女儿廖翠娥嫁给殷雪圃（殷家后来出了个大名鼎鼎的殷承宗），二女儿廖翠畴嫁给了从漳浦来的林家。廖翠畴的儿子林俊卿据说5岁就能将一整部《闽南圣诗》唱下来，他是鼓浪屿儿童吟诗班的小领唱，其天分丰沛不言而喻，但林俊卿和许多优秀的鼓浪屿人一样，尽管人们认为他"最好是以音乐为职业，这样好的嗓子加上这样卓越的音乐天才，是稀有的巧合"，但他早年还是没能以音乐为职业，可能因为家族传统的缘故，他还是去学医了。林俊卿是北京协和医学院的医学博士，音乐于他，不过是玩玩而已，后来竟玩出名堂来了。

也许这正是学医的人的优势。

黄桢德先生，是鼓浪屿救世医院唯一的华人院长，他的家庭亦是"音乐世家"（黄佩茹供稿）

源于传统意大利美声练声的特殊发音方法"咽音发声法"，经过林俊卿身体力行的实践，创立了"林氏咽音练声体系"，用林俊卿自己的话说，"其实咽音是气功。咽音的用途很广，可以治病，练声只是其中一个方面。过去意大利人学习咽音要八九年时间，现在学员只用一年就可以了，这不是说大话，是科学"。

想必林俊卿，这位擅长小儿科兼内外妇科的医生白天行医，夜间从事声乐活动，当时被许多专家评为"中国史无前例歌唱能力最强的男中音"。在那最灾难深重的年头，这位著名的"玩家"与"票友"，居然又"玩"起了中国古籍，意大利的咽音加上中国的丹田之气，是不是可以这般通俗地解释，他的研究成果显然综合了中西方文化精髓。

林俊卿的胞妹林俊绵，是母亲同事温绍杰医生的太太，我们都叫她温医生娘，温雅美丽的温医生娘是厦门二中（前身是英华与毓德）的英语教师。温医生伉俪都会弹钢琴，歌都唱得极好，尤其是高大帅气的温医生，温医生是极出色的男高音，"文革"前常去电台录制节目，当然他主要是精干利索的外科医生。温医生的三个女儿，不但美貌如花，在音乐和体育方面均有造诣，其中老二温丽姗小提琴是一流的，她未出国时在省内曾荣获顶级奖项。

当年，已经改成"反帝医院"的救世医院在三天之内突然搬到永定坎市，温医生他们在没有任何设施的妈姐庙里，照样给病人动手术。这个没有院址的医院想必给这个历史悠久的古镇带来许多变化，一年后总院搬到龙岩东门外，温医生竟然被留在坎市，做了坎市医院的院长，这个医院究竟是不是属于兵团或者煤矿，不清楚。2003年见到龙岩红炭山的廖柏年先生，他也说不清楚，倒是搬了资料让我查看，年代久远，官方式叙述总是语焉不详，不过我1998年春独自在坎市闲逛，淳朴的老百姓的确还记得那个高大的，像"番仔"一样的老医生，周六总是骑自行车从坎市回到龙岩家里，那时温医生娘在龙岩二中教书。他们还告诉我许多温医生的轶事，说这番仔医生医技真好，人也好，没有架子，喜欢逗人发笑。

其实温医生完全没有番

温绍杰医生晚年肖像　（陈紫微供稿）

仔血统,甚至不是鼓浪屿人或者闽南人,他是山西人,高大俊朗,英文极好而已。

那天,寒风凛冽,我受母亲之托,去探望回厦门"过冬"的温医生伉俪。年近八旬的温医生一身运动装,抱着篮球热气腾腾进门来,追忆往事,温医生感慨万分,他说要不是那噩梦般的十年,他不会移居冰天雪地的加拿大,因为那时他流利的英文嘹亮的歌声统统成了可怕罪状,他们说温馨幽雅的鼓浪屿是他们的最爱。我说那你们就回来罢,再回来定居。温医生说,回来定居是不可能了,但我们年年回来过冬,像候鸟,他朗声大笑。

温医生年年回厦门都兴高采烈像过节,他还作词,谱曲,参加合唱团。这是一个幽默风趣的老人,阅尽人间春色又饱经世事沧桑,在人们的记忆中,他永远是精神抖擞,时时快乐,也时时给别人带来美丽歌声和欢乐的笑声,这对相伴走过半个多世纪并不以音乐为职业的老人,酷爱音乐犹如酷爱自己的生命:几年前他突然病倒,作为外科医生他对自己的病情一目了然,那最后几天,他很平和,很安详,除了去诊所就是弹奏钢琴,一生替人去病除疾的温医生,在生命最后一刻,仍然陶醉在音乐这道迷人的风景里!至今,我珍存着他作曲的手稿,还有他过世前几天为夫人歌唱伴奏的录音。

······

解放后鼓浪屿救世医院的洋人一度还在,后来当然是走了,所有的宗教活动戛然停止,医院的许序钟牧师去门诊挂号。这位许牧师,就是后来扬名海内外的许斐平许斐星的父亲。许牧师早年去马来西亚谋生,后来回到集美中学读书,后来毕业于华北神学院,上个世纪20年代初曾经与其表叔,大名鼎鼎的许春草到海沧逐鬼,许春草赶鬼的故事,在闽南几乎家喻户晓。

这位有教养的许牧师温文尔雅,心地极好,他的岳母是因家贫没有受过多少教育的洗衣女工林淑恬,据说少女林淑恬干活时宛

许序钟牧师一家 （彭一万供稿）

若天籁的歌声令路过的牧师大为震惊，牧师想方设法将这位天才少女请到教会参加唱诗班活动，结果一鸣惊人，这位洗衣女工的女儿张秀峦出身贫寒，却是毓德女子中学的高才生。她酷爱音乐，朝思暮想有一架自己的钢琴，但家里实在太穷，直到高中最后学年才怯生生向老师倾诉了自己的渴望，好心肠的老师答应免费教授她钢琴，禀赋优异的张秀峦便脱颖而出，迅速成才。这就是后来享誉国际乐坛的许斐星许斐平的母亲、许兴艾的祖母，她是鼓浪屿教堂吟诗班的司琴手……

鼓浪屿琴童许斐平　（彭一万供稿）

许家是国际音乐巨星的摇篮，就像鼓浪屿是音乐的摇篮一样，但摇篮就是摇篮，并不具备正规音乐专业教育的条件，只有走出去才能成才。我这里的叙述不过是沧海一粟，百年来从鼓浪屿走出去的优秀人才不计其数，远不是我能统计的。只能这么说，走出鼓浪屿的音乐家，比如林俊卿、李嘉禄、周淑安等，无一不与教会或教会学校有密切关系，而许氏兄弟和殷承宗等的成才，与解放初国家重视文艺是有关系的，那是非常特殊的历史时期。据我母亲回忆，这些从鼓浪屿走出去的天才儿童，是带着母亲也带着鼓浪屿的文化底蕴到国家级音乐学院读书的，他们当时年龄实在太小了。

# 第五章

## 新潮富绅，
## 颇具个性的民族脊梁

　　鼓浪屿音乐源于唱诗班，与西方宗教的关系不言而喻。但高雅艺术的摇篮需要安定的社会环境和厚实的经济基础来滋养。西方艺术，包括音乐与绘画能在一个蕞尔小岛能得到长足的发展，能形成如此良好的文化氛围，与鼓浪屿居民早年的殷实与富庶有关，与这些见过世面的移民相对开放而明亮的视角有关，因为高贵气质的形成，不是一朝一夕的事。

　　当年的鼓浪屿实际上荟萃了闽台最具经济实力的富绅，所谓"两岸三地"，自然包括台湾与南洋，台湾与闽南不过是一水之隔，来来往往是家常便饭。

　　养尊处优的鼓浪屿世家子弟，十有八九是业余或者专业的高明玩家，与那些走出去的世界名家相比，他们也许谈不上"出息"，音乐与艺术不过是他们的寻常游戏，但正是这样的寻常游戏形成特定的丰厚土壤，鼓浪屿才具备了音乐家摇篮的特质。

　　前面说过，鼓浪屿拥有第一架私人钢琴的，是著名的"四十四桥"的主人，即修筑菽庄花园的台湾富绅林尔嘉。林尔嘉是当时在闽台两地最具传奇色彩并负有相当声望的人，一些史料说林尔嘉出生在台湾，其实他并不是林维源的亲生儿子，他出生在厦门溪岸陈家，是福建水师中军参将陈胜元第五子宗美的长子，乳名"石子"。曾经跟随陈化成到台湾平息械斗的陈胜元与台湾板桥林家结成亲家，陈宗美的姐姐嫁给国华的次子维源为妻，维源长子夭折，悲痛欲绝，宗美就将六岁的长子"石子"送给姐姐，林维源将他改名"眉寿"，字寂臧，人称"婴仔舍"。前面说过，"舍"可能是闽南话官宦人家少爷的意思，这个亲昵的小名体现了林家对石子的疼爱，"林皮陈骨"，林尔嘉不是一般的螟蛉之子，是亲上加亲，在林本源第四代中似乎最年长也最有才华。

林尔嘉肖像

祖籍龙海，做台湾大米与土地经营起家的林本源家族在闽台是一个庞大的、盘根错节的商绅世家。先祖林应寅早年从福建龙溪迁居台湾开馆授徒。史料记载：第二代林平候开始经营拓荒垦殖业，据说林平候"会致富，其子会守富，而后代会用富"，林维源是林本源家族的第三代，林本源的开台功业，在林维源时代达到巅峰，成为台湾首富。林维源是一位爱国并且有实力付诸行动的实业家，光绪年间就多次捐款支持兴建台北城和台湾的抗法战争，授太仆寺少卿。

相传林维源治家颇严，林尔嘉早年不能轻易外出，只能在家读书，所以打下颇为厚实的国学基础。1895年清廷割让台湾，林维源捐银一百万两资助抗日军民，然后抛却自己在台湾心爱的家园旧居"五落大厝"和富丽堂皇的林家花园，携妻小回到厦门。

这时林尔嘉已经21岁了，正是英姿勃发的年纪。他继承了父辈铮铮风骨，回国不久便以道员之名奉调入京，血气方刚，一心要为国效力。据说当年清政府要重建海军，林尔嘉捐巨款并被升为侍郎，"咸丰婶子"慈禧太后却恣意将白花花的银子挪去修筑颐和园，踌躇满志的林尔嘉一气之下，辞官回鼓浪屿过自己的小日子，这就是民间色彩浓郁的林尔嘉"修了半个颐和园"之说，多少有些想象吧。但林尔嘉居住在鼓浪屿期间，的确捐献过200万两巨款帮清政府办海军。1910年，他以度支部（财政部）审议员身份到上海参加大清银行审议会，看到日本军舰在中国海域横行霸道，任意冲撞中国渔船，当即捐赠40万两银子，协助清政府增置舰艇，则都是史料记载的事儿，他曾经辞官也是不争的事实。

当然作为"维新派"的林尔嘉回鼓浪屿并没有闲着，1905年林维源去世，林尔嘉继承家业，开始在闽南地区尝试创办实业。这一年他还就任厦门保商局总办兼厦门商务总会总理，从1909年开始，14年连任鼓浪屿工部局华人董事，也就是说，他在经营商业的同时，和他的前辈在台湾一样，积极介入地方政事，热心公益，积极服务地方，

龙海角美林氏义庄　（泓莹摄）

"不以实业为政治之资，则政治何能淑；不以政治为实业之盾，则实业几何能兴。"这是一心要"淹贯中西而后为国家有用之才"的林尔嘉四十岁生日感言。中年过后的林尔嘉曾经沧海，却依然热心公益事业，他可能是一位注重办实事而官瘾相对淡薄的地方富绅。民国初年政坛变幻无常，军政当局争相拉拢，许以高官，他都能淡然处之，却始终急公好义，和黄奕住、李清泉、庄希泉等爱国华侨一样，为厦门鼓浪屿，甚至是闽南和全省文教市政交通诸多方面的现代化做出了巨大贡献。

林尔嘉富而且仁，一生乐善好施。1908年南靖水灾，他和雾峰林家林祖密等人为之奔走不已，出面募捐款项修筑堤坝，南靖百姓至今受益匪浅。林尔嘉甚至是香港大学的捐创人之一。他和携巨资回国兴办实业的南洋巨贾黄奕住是儿女亲家，他们和其他爱国华侨曾经构筑实业救国的宏图，可惜军阀混战，始终未能如愿。林尔嘉后半生浪迹于山水之间，固然有风雅的一面，但更多的是壮志未酬无奈而为之吧。

**手栽松菊存陶径，莫问当年旧板桥。**

林尔嘉在鼓浪屿金带水买地造园，菽庄花园与当时兴建的一些南方园林一样，既有中国江南园林特色，同时汲取了西方现代文化元素，秀丽的菽庄花园也称小板桥，其寓意不言而喻。他与陶渊明一样，都有菊癖，每年秋高气爽竹篱下菊花盛开，多财好客的林尔嘉便召集厦门乃至闽台诗人墨客赏菊赋诗，其中就有现代作家许地山的父亲许南英，当然这里的吟事活动相当频繁，并不仅仅限于赏菊观潮泛月，主人寿诞或其他纪念，四季佳节，菽庄花园景点唱和，参加唱和活动的文化人有时竟达1000多人，有时还向全国广泛征文，然后汇集成册，自费刊印。还曾经成立"菽庄吟社"、"钟社"等同人文艺社团。

家财万贯，风流偶傥的林尔嘉，雅好吟诗弄墨，嗜好收藏古董、金石和图书，当年他的顽石山房至少有万余本书。1957年3

月，菽庄夫人之一的高瑞珠将他留在鼓浪屿的藏书无偿捐献，7000 册书中大部分是线装书，还有一大批外文资料，各个学科都有，可见他涉猎颇广，绝不是泥古不化的老夫子。据说林尔嘉英文和日文都相当不错，又热爱阅读，通晓经史诗赋，而且见多识广，思想开放，擅长吸纳中西方文化精华。

作家许地山伉俪在厦门
（来源：《许地山作品选》）

林尔嘉甚至经常请洋人到私人别墅来做客，因为受命管理祖业等关系，委婉迂回间，与日本人也有一定唱和来往，但林尔嘉与外国人交往是有骨气有原则的，他坚决不加入日籍，还断然拒绝了日本政府授予的男爵封号。

**我辈疏懒非避世，此间安乐且称窝。**

林尔嘉在鼓浪屿构筑的安乐窝，却也不太安乐。他的亲家黄奕住回国后买下鼓浪屿田尾路大北电报局经理的住宅和原法国领事馆，翻建成著名的观海别墅，当年的观海别墅占地 4662 平方米，水天相接，视野极开阔，而且"栽柳种桃，划圃植花，铺置极雅致。"林尔嘉兴致勃勃要筑"亲家桥"，也就是将他在 44 岁时筑的"四十四桥"延伸到黄奕住的观海园，此举竟遭厦门海关洋税务司公馆洋人们的粗暴干涉，引发了一场旷日持久的债权纠纷：

因为"菊花会"的热闹，打破了洋人们生活的宁静，同时

菽庄花园和鼓浪屿普通居民　（陈紫微供稿）

四十四桥的建造让他们下海游泳不方便，海关税务司就出面阻挠造桥，甚至摧毁建造中的石桥。林尔嘉诉诸法律，海关方面因证据不足，理亏而不情愿与林家对簿公堂，而当时的政府正像林尔嘉说的那样，"税务司依恃洋势，抗不到案，当时系属军阀统治下，北（洋）政府只知媚外"，其间林尔嘉曾经草拟《为菽庄石桥被毁及私权横受侵害事谨告同胞书》，刊印成单行本向厦门各界广为散发。为了打官司，林尔嘉甚至让四子志宽到英国剑桥攻读法律，准备将这场悬而未决的官司打下去，这场官司打了近十年，十年后的思明地方法院仍然在判决中骑墙，"驳回原告，诉讼费由原告负担"。然后将案子推给鼓浪屿会审公堂。

　　林尔嘉向福建省高等法院第一分院提出上诉，据理力争，最后迫使洋人税务司不得不以和平方式解决，"双方于民国二十年（1931）五月六日同往该处定界"，海关每年付给林家十元租金，因为这的确是林家产业，中国人在自己的产业上居然不能做自己想要做的事，"该处山地，鄙人不欲在此起盖高大屋舍"，敢于以法律与洋人分庭抗礼的林尔嘉最后还是作出了让步……

很可笑的事情是：税务司是中国政府高薪雇佣的官吏，中国的法律和法庭却管不到洋人头上，这就是当时的社会现状。在自己的土地上，一些事情洋人做得，中国人却做不得，在如此不公平的社会现状下，可以想象当年有民族气节的实业家们，要实现"实业救国"的宏愿有何等的难度！

林尔嘉1919年（一说1924年）出国游历，名为养病，实际上可能是对当时这种社会现状的抗拒与思考，顺便考察西方政治与文化现状。1945年台湾光复后，林尔嘉携四、五、六姨太回台湾重振家业，三姨太和一些亲戚仍然住在五层高的八角楼里，他逝世后，后人按他的遗愿，将菽庄花园和一些藏书捐给国家。

……

总的说来，富甲闽台两岸的林本源家族与一般"富不过三代"的商人们是不太一样的，比如林尔嘉的后代大部分是外文极好、留学海外、术业有专攻的杰出人士。当年林尔嘉是请外国人到自己家里来做家教的，他的长子景仁据说没有任何学历，却曾经在鼓浪屿英人（华）学校教书，后来经过商，因为国学基础厚实，中英文都了得，经邹鲁的介绍出任豫陕晋边区绥靖督办公署上校参谋，是《抗日救亡》的主笔。

从二子林刚义开始，林尔嘉的几个儿子都有留洋经历，其中有专攻自然科学和经济学的林刚义、林鼎礼、林崇智，也有主攻社会学的林履信、林克恭、林克宽，其中六子林克恭是中国现代有名的风景油画家，人称是"一手拿画笔，一手拿琴弓"的人物。林克恭和林克宽的太太都是西欧人，林克恭早年毕业于剑桥大学法

昔日鼓浪屿的闽南女孩和她们的洋教员 （杨琼琳供稿）

科，据说他不到 20 岁就在剑桥读书了，后来任凭自己的兴趣专攻美术，是中国现代颇有分量的风景油画家和美术教育家。据说当年林克恭经常请西（油）画家到菽庄花园来写生，林克恭不单绘画，小提琴还拉得极好，1948 年，他在鼓浪屿发起组织厦门艺术协会，参加的多半是鼓浪屿业余从事音乐的名家。

……

　　从人文或艺术的角度来评价林尔嘉和他的子女们，应该他们是开放型的，而且是审美能力颇强的"玩家"。鼓浪屿历来这样的玩家是很多的，不单音乐和绘画，玩古董养鸽子，玩足球玩游泳，"玩"得出色便成了名家，最出色当然是音乐。近代从鼓浪屿走出几十位音乐家，最多最优秀的可能是钢琴家，说当年的鼓浪屿是琴岛一点都不过分的——

在鼓浪屿，弹钢琴是教会活动的节目，也是当年大户人家子弟的教养，据说当年人均钢琴拥有量为全国之最，当然不止钢琴，学小提琴大提琴的也很多，三五个人随便就可以拉起架势，有模有样奏起室内乐，甚至盲女也可以弹钢琴……这对外人来说可能难以置信，但在特定时期的鼓浪屿却是家常便饭，这说明了当年鼓浪屿的文化氛围有多么浓厚！

……

因为西方文化的冲击和涌动，鼓浪屿的建筑并不是凝固的。

就笔者个人感觉而言，鼓浪屿老别墅最有个性的当是早期那些台湾富绅和南洋华侨的"花园洋房"。自家住也好，投资也好，当时闽南华侨造屋都有一种不甘示弱的心理，尤其不愿输给洋人，从中外合璧的嘉庚式建筑，到鼓浪屿繁复厚重的"海天堂构"，还有无数"凌驾"在西式庭院上的中式门楼。

现为风琴博物馆的"八卦楼"的百年沧桑史，就是这种不甘示弱心理最典型的表现，这座由红毛医生郁约翰设计的别墅糅和了古今中外多种艺术风格，奇伟壮观，主人林鹤寿是林尔嘉的堂弟，为争这口气竟有些不自量力，最后倾家荡产不知所踪！

同样为了争口气，从南洋携巨款"回唐山"投资的黄奕住，就显得气度恢弘游刃有余了。一文不名的黄奕住曾经在南洋的热带雨林里替割胶工人剃头，后来，他愤然将剃刀沉入海底，凭强健的脚力和顽强的意志，只身穿行在热带湿润蓊郁的崇山峻岭里做小买卖，从肩挑小贩到吞吐风云的"头盘商"，纵横商海几十年，一战后成为南洋赫赫有名的"糖王"，因为荷印殖民政府无端征收"战争所得税"并以减税为由利诱他加入荷兰籍，他毅然携巨款回国，据当时在鼓浪屿的洋人回忆，他是当时岛上"最有钱的人"！

黄奕住回国是想做大事业的，他成功创办了当时中国最大的民营银行"中南银行",并耗了5年时间与北洋军阀政府斡旋,终于获得独家承办"漳厦龙铁路"和有限开发闽西煤铁等矿产的批文,但这个批文很快被后来的南京政府否决了,南京国民政府同时委任黄奕住为福建省政府委员兼建设厅长,而他却"以国基甫定,而吾省秩序尚未十分井然,故不敢就职,而致电敬辞焉。"

一心要振兴民族工业而因政局不稳屡遭挫折的黄奕住在厦门鼓浪屿大量投资房地产,在暴风雨即将来临的1930年,他的投资竟占厦门市全部房地产投资三分之一以上!

一心要振兴民族工业的黄奕住先生
(图片来源:《黄奕住传》)

有意思的是,黄奕住购买的主要是鼓浪屿所有权原属外国人的地皮与房屋,对外国人他只买进不卖出,大有将外国经济势力挤出去的意思。在他独资的黄聚德堂股份有限公司当时在厦门鼓浪屿总共筑有房屋和楼宇160座,其中大部分在鼓浪屿,这些经过精心设计,造价不菲的美丽楼群风格各异,迥然不同于闽南旧式建筑和鼓浪屿早期洋楼。黄奕住筑的楼宇都设有卫生间,内装修精致而人性,豁朗明亮,它们像优美灵动的音符,一簇一簇错落有致镶在鼓浪屿跌宕起伏的柏油小道上,峰回路转,在浓荫里时隐时现,每一个角度都展示了无限风情!

笔者儿时住在鼓浪屿漳州路46号,那时常常伏在三楼窗台上,眺望嵌在"番仔球埔"和日光岩之间金碧辉煌的黄家花园,说金碧辉煌,是因为实在不知用何等语言来叙述它在一个孩子心灵中唤起的那种难以形容的感觉。

黄家花园是隐在绿荫里的仙山琼阁，袒露在世人面前的，只有浓郁绿荫中那枚典雅的金红屋顶，远远望去，犹如璀璨皇冠光芒四射！用"琼阁"一词，分量却又轻了，这是一组很难用相机拍出效果的奇丽建筑，用"中西合璧"之类似乎也不妥，虽然它是由西方人设计，中国建筑师监督完成的作品！只能说这是与自然环境水乳交融的杰作，它并不像八卦楼那样鹤立鸡群，也不似观彩楼居高临下，任何相机都只能拍到一角，而这一角又是如此的典雅豪华，而这豪华又是如此的不露声色！

1932年淞沪抗战后十九路军入闽，黄奕住曾经在他引以为自豪的中楼招待他尊敬的蒋光鼐，蔡廷锴等抗日将领，并重新燃起修筑漳厦龙铁路的愿望。崭新的中楼挂上"漳厦龙铁路筹备处"的牌子。可惜"闽变"失败，他的希望最终还是成了泡影！几年后抗战爆发，厦门沦陷，黄奕住当然不屑与日本人为伍，昂然拂袖而去，避居香港辗转至上海租界，1945年郁郁去世。

这号称"中国第一别墅"的黄家花园，建国后作为鼓浪屿宾馆招待过无数中外贵宾，可见其档次之高！据说当年在这里黄奕住先生通常会用30道左右的精美佳肴款待宾客，"精心雕作的红木家具在全套白色欧式卧具的映衬下，增添了几分活力。"从20年代鼓浪屿洋人的描述当中，我们可以看到这位有脊梁的民族实业家对中外文化兼收并蓄，不俗的生活品位。

可惜经过那十年浩劫，几乎什么都看不到了。一天，笔者与龚洁先生在黄奕住先生的外孙女周菡家里，见到几只别致的硬木餐椅，她说这些算什么啊，能毁的都毁掉了，这些小东西是劫后余生！周菡住在母亲黄萱生前独居的临海舒适的小洋楼里，她说这小洋楼是用建中楼的下脚料筑的，她说她的外公是很实在的人，中楼豪华适合款待宾客，小楼温馨可以家居。

黄萱是鼓浪屿奇女子，实力雄厚的黄奕住当然也是奇人，他捐资助学方面也许不如陈嘉庚那么有名,但实际上他在"回唐山"后的一二十年间,在教育及公共医疗捐的款项不计其数,不单厦门大学同文中学有奕住楼,上海复旦大学也有。他还做过后来搬到广州的暨南大学校董。说起来做房地产,投资家乡市政建设只是他理想的一部分,黄奕住最大愿望是实业救国,从根本上解决国家富强问题,因为他在海外漂泊奋斗大半生,太了解弱国侨民生存的艰辛了!

这是一位令人尊敬的爱国实业家,笔者当年读过他的传记后,很震动,又陆陆续续读过许多材料,明白一个人之爱国,是决不在于喊了多少口号或者说做了多少表面工作的。这样伤筋动骨一心一意要在"唐山"做实业,却因为种种原因难却心愿,这当然不是他一个人的灾难——即便如此,

黄奕住在南安金淘镇的"八卦楼"一角　（泓莹摄）

他在厦门甚至在整个"唐山"做的实事，还是远远超过一些浮在台面上的人。黄奕住的中南银行曾经发行了中国民办银行历史上第一张钞票，而厦门曾厝垵上李水库修筑之前，厦门人是不知道什么叫自来水的！

当然，这位至死眷恋着鼓浪屿的天涯游子当然不会想到还有后来——一位大笔者几岁的老知青说她当年亲眼看过红卫兵掘黄家祖坟，在那喧嚣时分，埋在私宅里的黄奕住先生和他在鼓浪屿东山顶的母亲都没能逃过这一劫！

……

前面说过，黄奕住的女儿黄萱是千金小姐，抗战时却毅然携一儿一女到贵州图云关与夫君共患难，居住在茅草房里，这是何等境界？！周寿恺的学生杨锡寿的回忆文章里曾经提到当时每周一次的读书会，"住院医师集体伙食欠佳，周夫人就亲手做新鲜蛋糕招待"。

笔者2006年12月曾应黄奕住先生的外孙女周菡之约参加广州中山医学院纪念黄奕住女婿周寿恺诞辰100周年大会。钟南山先生是第一位不用讲稿说话的人，钟南山的母亲是鼓浪屿廖家的女儿，父亲钟世藩是厦门人，我国著名的儿科专家，钟南山看上去的确不像近70岁的人，走上台去，深深向他的周伯伯鞠了一躬，然后侃侃而谈。他说他是作为晚辈来参加这个纪念会的，周寿恺是他父母最好的朋友，也是他成长路上的良师益友。他谈到周寿恺对晚辈平等相待言传身教，在电视上一向铁面的钟南山会如此动情是我没想到的，他说他最难忘是周寿恺的博学、宽容和爱国情怀。博学就是踏踏实实做学问，他说，宽容就是有气度，顾全大局，如果每个人都能做到这样，我们的民族就有希望了！

周寿恺是北京协和医学院的博士，抗战胜利时任少将军医，当时去台湾的飞机票早就买好了，然而他选择留在大陆，不但他留下，连送飞机票的人也留下了。留下，当然有他的理由。有知

周寿恺、黄萱婚礼 （来源：《周寿恺教授诞辰100周年》画册）

识不等于备具独立思考能力，一些知识分子缺乏独立思考能力，大概是缺乏独立人格的缘故。而周寿恺是一位有独立人格的知识分子，做学问，其实人品其实是很重要的。

周寿恺的父亲周殿薰是品格端方的前清举人，在厦门是第一位担任中学校长的中国人，同时还是厦门图书馆的第一任馆

钟南山在周寿恺诞辰100周年纪念大会上 （泓莹摄）

长。周殿薰曾经为他的学校谱写校歌："欧风美雨莫侵凌，多士即干城。天下治乱，责岂匹夫轻？人群进化宜竞争，好把读书来救

国，当勿忘民族民权民生"。周殿薰是厦门著名的爱国教育家，这样一个书香门第的教育世家，世代相传的，当然不仅仅是那些方块字，周寿恺是著名的内科学和内分泌专家，他选择留在大陆，意志始终坚定——与黄奕住一样，这些人的爱国从来就不是停留在口头上的，周寿恺全身心投入医学教育是因为他太明白这个国家需要他做什么了！

从 1951 年任岭南大学医学院院长兼附属博济医院院长，到 1966 年被迫停止工作，他全身心扑在医学教育上，是"卓越的医学教育管理者"！

"周寿恺教授，一生都在医学领域里穿越，最终虽然没有穿越那个时代的苦难，却穿越了尘埃，栖息在高地，成了永恒的星辰！"不知画册前言中这个抒情性很浓的句子出自谁之手，只是从中嗅到一阵阵悲凉，那个时代的苦难，就是人自己造成的啊！据说当时遍体鳞伤的周寿恺教授被两派红卫兵抢来抢去，大家都要表功啊，而含冤去世的，岂止周寿恺？中山医学院 1978 年为周寿恺等著名教授举行骨灰安放仪式，乌压压的遗像是一组……

前面说过，黄奕住的嫡亲女儿黄萱只受过闺阁教育，而中英文俱佳，国学功底尤其好。解放后曾作为学衡派国学大师陈寅恪的助手，协助陈寅恪完成一系列重要著作。这是一位奇女子，承蒙周菡的信任，我读过她一系列未公开发表的文字，深深被震撼。收在画册里的《生离死别》，是经过删节的，写的是她与夫君在别人监督下的最后一面："六月十五日是离别足两个月的日子，他一定是忍死以待我，而绝望地走向死亡。"

通篇都是这样淡淡的句子，淡淡的句子蕴着难以言传的凄苦和悲愤，而周寿恺那时正被打得死去活来，腹部剧烈疼痛，他自己诊断是胃溃疡穿孔，却没有人敢理他，更有一些人是不愿意理他，因为他"是一个很重要的犯人！"最终因为病情延误，并发严重的腹膜炎不治身亡。官方的文章是这样说的，"我们有义务将一个热爱新中国的学者的悲惨遭遇公告世人！"

……

当年贵州图云关那个实质上是国际性的中国红十字医疗总队的创办人，是林巧稚、何碧辉和周寿恺的老师，后来去了美国的林可胜将军，林可胜是厦大第一任实质性校长林文庆的长子。母亲黄端琼是前清举人、爱国华侨黄乃裳之女。

回国后居住在鼓浪屿笔山路 5 号的林文庆先生是当时东南亚鼎鼎有名的实业家、银行家和医学家。据说林可胜 8 岁就被送到英国爱丁堡上学，后来在爱丁堡大学专攻医科，未毕业就参加第一次世界大战，四年的战地救护，为他后来在国内创办红十字救护总站、领导中国红十字会救护总队奠定了厚实的基础。

林可胜 1919 年获医学内科和医学外科学士学位，留在爱丁堡大学做生理学讲师，之后又获得哲学博士学位和科学博士学位，1923 年赴芝加哥大学从事研究工作，1925 年应聘北京协和，担任协和医学院生理学教授兼系主任。据说他是北平协和医学院第一位华人教授。

"一门三林"，林文庆、林可胜、林炳添（可胜之弟），一家三口都在医学上有卓越成就，这在新加坡传为佳话。当然历史上有成就的华人华侨很多，但能像林家父子皆成大器的不算多，最重要是他们品德高尚，能舍弃小家利益，用自家才学和财富反馈社会，立志造福全人类，的确是难能可贵，我们先来看林可胜：

"七七"卢沟桥事变，当时在北京的一些专家纷纷出国避难，林可胜博士却仅仅将孩子送回新加坡，自己随即回到北京，时刻准备奔赴抗日前线。他早在 1932 年就倡导并组织协和学生救护队，进行严格而系统的军事训练。协和这支救护队的骨干队员，在1933 年"长城抗战"时期，担任了危险的战地救护任务，后来这些训练有素的学生，就是"中国红十字医疗救护总队"和散见在全国抗日战场上各医疗救护队的技术核心力量。

林可胜将军 （杨永楦供稿）

说林可胜是"中国红十字总会救护队"的创建人，当之无愧。

林可胜领导下的红十字会救护总队和战时卫生训练所，1939 年 5 月迁到贵州图云关时，医疗大队由抗战初年的 3 个增加到 9 个，共辖 47 个中队，94 个区队，9 个手术队，预备大队设在贵阳，有 10 个中队供机动用，1940—1942 年，是救护总队的全盛时期，大小医疗队发展到 150 个，医护人员和辅助人员达 3420 人，有当年协和的学生，也有其他医学院毕业的学生，更有许多来自世界各国（甚至是日本籍）的外籍医生，为了中国的抗战，"走到一起来了"，其间各种动人轶事不是我在这本小册子里能叙述的，我能阐述的，是他们过人的意志和真正的忘我精神。（数字来源：周菡：《周寿恺在中国红十字会救护总队》）

富贵家庭出身，西方文化熏陶出来的洋博士林可胜，在抗战时期带领医师到各战区考察军医设施，竟像农民一样头包白布在炎炎烈日下步行。因为当时许多地区不通公路，平时衣冠楚楚的林可胜光着上身，身先士卒走在前面，每天午饭后躺在农村长凳上小憩，他居然训练自己该睡就睡，想醒就醒，在艰难环境中始终保持充沛的精力，整整行走了 70 天……

图云关的战时卫生训练所和五个分所，在抗战期间训练战时医护人员四万余人，1942 年到 1944 年，林可胜奉命随中国远征军到缅甸，任中缅印战区司令官史迪威将军的医药总监，一天工作竟达 16 小时，为此他多次得到中国政府和英、美政府授勋，甚至

林可胜将军和中国远征军的将领们 （杨永楦供稿）

得到罗斯福总统的最高嘉奖……1948年，林可胜当选中央研究院院士，同年蒋介石拟委任他为国民政府卫生部长，林可胜坚辞不就，去了美国，继续研究他的生理学和药理学。

这就是那个时代的有脊梁的知识分子。

这位知识分子坚挺的脊梁来自一位伟大的父亲，我说他伟大并非空穴来风，林可胜的父亲就是曾经在鼓浪屿这个岛上扎扎实实住了16年，为厦门大学呕心沥血的新加坡华侨林文庆先生。如果我们明智，就应该承认林文庆是中国近代史上尤其是华侨史上极耐人寻味的一个人物，可惜几十年来一直将他作为鲁迅的对立面而忽视了他在民国时期政治、文化、教育和科技上的默默贡献，在中国现代史上，这样默默贡献的人是很多的，可惜后来的政治功利主义屏蔽了历史真相。好在这样的时期永远过去了，我们可以比较从容来审视这位祖籍福建龙海，在南洋的椰风蕉雨中孕育出来的杰出中国人。

林文庆是新加坡第三代侨生，祖父林玛彭19世纪初从福建海澄（月港）五贯（现厦门海沧鳌冠）移居槟榔屿，父亲林天尧世居新加坡，林文庆 10 岁丧母，16 岁丧父，他是由祖父祖母养大的。那个年代小脚女人出洋很难，不知林文庆的祖母是不是当地的侨生，如果是，应该比"唐山"的小脚女人要多长些知识，总之林文庆幼年在新加坡福建会馆附设的书院读四书、五经，后来肄业于市立英语小学，也就是说他是有一定古汉语和英文基础的侨生，但在他 19 岁之前，汉语只能用闽南话来表达，这是当年闽南华侨的特点，因为早年会馆里都是用方言来教学的。

自幼聪慧过人的林文庆很快升入新加坡莱佛士学院，他是这个学校鼎鼎有名的华裔高材生，1887 年获英女皇奖学金，据说这是海峡殖民地侨生中的第一人。林文庆进入苏格兰爱丁堡大学医学院学习，1892 年获医学内科学士和外科硕士（一说转入牛津大学再攻医学），然后应聘在剑桥大学从事病理学研究，半年后学术论文在皇家学会学报发表。林文庆是研读自然科学的，却颇具语言天才，他很早就能熟练地使用英语、闽南语、粤语、马来语和泰米尔语……后来在英国读书，遇见几个中国留学生，他们不承认他是中国人，因为他不会说被闽南人称为"官话"的华语（普通话）。结果林文庆 18 岁开始学习普通话，并发誓此生一定要精通中国文化，估计后半生经常给他带来麻烦的尊孔情结就是那时种下的。

当然林文庆尊孔，可能与他的好朋友康有为有关系，康有为当年就有将孔子尊为教主的意思。

1893 年林文庆在新加坡挂牌行医，和同学合资开办西药堂，1904 年他参加创办英皇爱德华医学院，并获名誉院士称号。后来，香港大学还授予他名誉法学博士学位，因为医术精湛，当时中国驻新加坡总领事黄遵宪亲自送匾额："上追二千年绝业，洞见症结，手到回春"。林文庆是医学博士，对热带病理学有精到的研究，同时是具有相当头脑的实业家，精湛的医术为他获得声誉，蒸蒸日上的实业为他后来反馈社会奠定了坚实的物质基础。

1912年，也就是孙中山电召他到南京担任临时政府内务部卫生司司长那年，他创办了新加坡华人商业银行。1919年，他又和黄仲涵、黄奕住等组建"华侨银行"，1920年集资成立华侨保险有限公司……笔者资料来源芜杂，一些数字未必准确，但可以看出林文庆确实是20世纪初南洋主要商业领域的开拓者之一，他的商务活动可不仅仅局限于新加坡，他的影响实际上辐射到整个东南亚。

林文庆在康有为等授意下用英文写的《中国内部的危机》

由此上溯20多年，林文庆凭朋友送他的几粒橡胶种子，大胆在南洋尝试种植橡胶，他和陈齐贤一起经营马六甲橡胶园，获得巨大成功，英国人李德没做到的事，林文庆和陈齐贤做到了。令人感动的是，他们将在马六甲栽培橡胶的经验公诸于众，一时间，星马华侨间掀起一股种植橡胶的热潮，仅仅福建籍从事橡胶致富就有30多人，所以陈嘉庚先生称林文庆为"南洋种橡胶之祖先"。新加坡人称他为"新加坡老大"。他去世的时候，海外中文报刊是这样报道的："伟大老人林文庆博士逝世"。

林文庆曾经因为对新加坡经济的

伟大老人林文庆
（来源：新加坡《亚洲文献》）

重大贡献而受到英国政府嘉奖。

我想林文庆能得到"老大"的称号，不仅仅是贡献大而已，更重要的是因为他有宽阔的胸襟和渊博的学识。英国籍的林文庆从未忘记自己是中国人。据说他在业余时间一直坚持利用辞典来学习普通话，并利用自己的社会威望，将普通话在一般只说闽南话和英文的南洋华侨中推广，他和朋友宋旺相合办中文杂志，始终关心国事，很早就加入同盟会，一如早年支持康有为、梁启超一样，林文庆在政治上、经济上一直支持孙中山，据说他们是在英国认识的。

和许多思想开放的华侨一样，林文庆在辛亥革命前就剪了辫子，他反对缠足、反对吸食鸦片，在南洋曾经组织"天足会"，筹建华侨女子学校，总之他完全不是一些文章里描绘的，思想僵化的保守派，后来还当过孙中山的私人秘书和医生，所以一直有个说法，说孙中山把林文庆让给了陈嘉庚，解决了厦大的燃眉之急。

从有限的史料中可知道，林文庆原本就是厦大的创办人之一，但他当时无意回国做这个校长，他事业主体一直在海外。根据陈延庭、郑贞文等先生回忆，陈嘉庚与汪精卫私交颇好，当年他希望汪精卫担任厦大校长并主持建校。口头上已经答应的汪精卫却突然食言，没有来参加在上海的第一次董事会，最终匆匆定了个邓萃英，邓虽然名气不算大，口气却似乎不小，据说他的轻狂与铺张让勤俭办学的陈嘉庚极为恼火，双方颇多意见不和。厦大开学才 8 个月，邓萃英就给陈嘉庚来了个彬彬有礼的下马威，辞职。

陈嘉庚最终不得不求助于在南洋与他肝胆相照的好朋友，他和林文庆的确私交很好，但更多是为厦大考虑。他认为林文庆见多识广，既谙熟西方文化也重视中国传统文化，曾经参与创办过各类学校，具备社会活动能力和领导能力，是厦大校长的最佳人选。

林文庆接到陈嘉庚电报立即只身回国，放弃了他在新加坡拥有的一切。

如今急功近利的人很难想象这个：1921 年厦大刚成立，他便设立了林文庆基金，把自己"在新加坡拥有的一块 51 英亩的土地，分赠给厦大、新加坡莱佛士学院及家属，厦大占三分之二。在厦大当校长的前几年，他不领薪水，完全是义务效劳，直到他个人产业破损，经济不景气时，才接受厦大发给的薪金。他在鼓浪屿家中为富贵人诊病，所得诊金悉数捐给厦大。厦大经费陷于困境时，他奔走于南京、上海、福州、广州等地，四方筹款，备极辛苦。有一次他还将一年的薪金六千元，全部献给厦大。他的夫人殷碧霞也捐了一千元。他还三次到新、马募捐……"（张宗洽：《为厦大奠下基石的林文庆校长》）

林文庆最后一次到新、马募捐已经 66 岁了，66 岁的老人每天早出晚归，不止一次低声下气求人帮助厦大，据说此行他为厦大筹得二十万元，帮了校主陈嘉庚一把，也帮厦大渡过一大难关——

如果是为个人，他这又是何必？！

林文庆在海外早就享有殷实的经济地位和崇高的个人声誉，所有的人都知道他若不回国，其事业肯定更辉煌，但他为了厦大无怨无悔，似乎他前半生在海外的努力就是为了后半生回国"挥霍"。他当时住在鼓浪屿笔山路 5 号，到厦大坐的是自家快艇，他天天上班，呕心沥血：

他自己不领一分工资，给教授们开的工资却是当时国内教授的一倍，主要目的是延揽优秀人才，据说当年厦大文、理、哲各科目都采用美国大学的课本，"接见各科教授或延聘教授时，如果发现他们操的是市井间英语，而非学术讲授英语，就认为所教出的学生难臻上乘……"（陈延庭《厦门大学的筹办与初期校史简述》）林文庆本人能优美地使用英语，同时他是医学博士，"对理科比较内行"，他要求"切以实用，造就应用科学人才为前提，养成各种高等专门人才"。当时厦门大学理学院设施相当先进、科研成果相当出色：

从菲律宾大学转到厦大应聘的美国人莱德硕士，在厦大一年间就发现了三十余种水中生物新种，其中就有著名的"文昌鱼"，这是一种腔肠动物与脊椎动物中间体的唯一现存者，是各大学研究生物学必须使用的标本。据说莱德的文章一经发表，就引起各国大学和研究单位的轰动，想必厦大生物系的名声就是那时开始响的，所谓"陈子英文昌鱼"、"林文庆水母"、"陈嘉庚海参"，都是相当有影响的新发现。至于后来这些名词在学潮中被林语堂挪去写讽刺性的杂文，那就完全是另一个概念了。

当时厦大生化方面的专家不少，比如有发明不锈钢的刘树杞博士，有解剖淡咸水鱼类而获得法国鱼类博士的伍献文等。林文庆采用的是英美大学自由式研究，他执政时期培养成才的著名专家学者就更多了：曾呈奎、卢嘉锡、蔡启瑞、林惠祥、叶国庆、黄典诚……

厦门大学当时的确以理科见长，林文庆也的确为蒸蒸日上的校誉所陶醉，他兴致勃勃加大理学院的投入，但未见得不重视文科，否则不会花重金请林语堂、鲁迅、沈兼士、顾颉刚等著名的学者专家到厦大来组织国学研究院。

……

厦门大学两次学潮，尤其是后一次与鲁迅、林语堂等文学大师的矛盾，实实在在破坏了林文庆在中国大陆的名誉，以至于在很长时间厦门大学不轻易提为"南方之强"无私奉献、立下汗马功劳的林文庆校长。学潮的来龙去脉有点复杂，牵扯到诸多人和事，当然也有政治背景的关系，公说公有理，婆说婆有理，此不赘言。笔者在读过诸多资料后，发现无论起因如何，学潮的导火线常常是林文庆的尊孔思想和一些颇为过度的言行。

林文庆尊孔大有侨生的憨态，比如将孔子的诞辰定为纪念日，列为"校历"之内，比如"每逢任何大会集而必发言者，一定当众阐明孔子的哲学"，"有时讲得很好，有时讲得过头"。

若有人与之赞誉孔子，他必热情洋溢引为知己。

为菲律宾华文教育做出巨大贡献的庄克昌先生曾经回忆，他们有一次到鼓浪屿笔山路5号拜访林文庆先生，路上说好了"阿其所好"，看他有什么反应，庄先生叙述生动有趣，十分传神，这里引用原文以飨读者：

已经捐给厦大的笔山路5号　（泓莹摄）

……

入门，坐定，我就提起孔子来了，他掀髯说："你也尊孔吗？"觉庐兄接着说："念过四书五经的人，怎么能不尊崇孔子呢？"我就接着说："大哉！孔子之道，洋洋乎……"。

林老马上提起精神来，高呼"密西斯，泡好茶来！"觉庐兄说："我国几千年来只有一位孔子，四万万同胞也只知有这位大圣人。"我说："大圣人就可以为教主的。"林老又高呼："密西斯，淡巴菰拿出来，久年的勃兰地陈酒斟来，再准备些小菜来。"

这其间，好茶、陈酒、好烟、精致的小菜摆在桌上，林老才郑重其词地说："我想要在闽南组织孔教会分会，和香港的孔教大会联络，两位以为如何？"我们俩满口赞成。

最后，他连装在真空管的淡巴菰也捧出来。

……

密西斯显然指林文庆的第二位夫人殷碧霞，殷承宗先生的姑姑。此时他的第一位夫人即林可胜的母亲黄瑞琼已去世多年，年过花甲的林文庆与殷碧霞住在榕荫中的笔山路5号。

他家拥有一座舒适的房子，坐落在岛上制高点的花园里，我们到达后在那儿吃了一次饭。林家友谊延续至今，所以我们无法准确回忆那天我们都谈了些什么。我记得，存放在一楼的各种英文藏书已经被蟑螂咬出碎屑，也被蠹虫蛀过，就像我们所有的书那样，只不过因为主人经常翻阅而显出生气。在高处，白色窗帘在白光中飞扬。林太太仪态典雅，乌黑的头发与白墙形成鲜明的反衬……

林文庆长得矮矮壮壮，一对棕色的大眼睛流露着温和的神情，但他在诸多领域却是个斗志旺盛的斗士。在担任中国政府内务部医学顾问和北京医院总监时，他坚持用西方的卫生保健观念来反击愚昧和迷信团体。除此之外，他还在一些与他专业无关的领域为坚持真理而进行斗争……（引文出自潘维廉《魅力鼓浪屿》）

这是20世纪20年代，在鼓浪屿岛上居住的一位外国人对林文庆的描述，这也许是林文庆生活最充实的阶段，除了工作上的繁忙与烦恼，想必业余生活十分惬意。笔山路5号楼宇昂藏而幽然，现在还有一株高大的莲雾，浓荫如盖，想必当年林文庆还植有其他热带植物，这些蓊郁的热带植物与笔架山上的千年老榕相映成趣。这里视野极佳，端坐在浓荫中可以俯瞰鹭江横流，百舸千帆竞渡……

据说林文庆当年收藏文物颇丰，古今中外都有，而他视为珍贵的是国学孤本典籍和名画，与陈年佳酿一样，平时并不轻易示人，不像英文书籍随便搁在一楼，然而兴之所至则"掀髯大笑。然后入室，袖出孤本及名画，张幅展卷，批评置议，声震四壁"。

……

这是一位真性情的文化老人。非常耐人寻味的是，林文庆是基督徒，是受过西方教育的医学博士，却偏偏在新加坡就做过"南洋孔教会"会长。他从不鼓吹全盘西化，认为应该重视中国五千年传统文化，要中西结合，然后弘扬国粹，也就是传统文化中的精粹部分，这个国粹在他看来并不仅仅是孔子学说。林文庆对中国的道教亦有他自己的见地："我国虽然有道教，亦算国产，可是已式微了，除了一部彪炳国际出版界的《道藏经》秘笈而外，那些道士只是设醮、卖符箓、驱邪鬼以欺人，而道教的玄妙真谛反晦而无闻，殊属可惜。"

林文庆住在鼓浪屿笔山路 5 号的时候，曾经将屈原的《离骚》译成英文，可见他虽然言论过激，实质上却未见得是盲目的"独尊儒术"，而是经过广泛阅读比较之后认为孔子更重人伦。所以他认为现代的学生，应该以"中国古代之文化为基础"，"我今而提倡孔教，庶几乎能为世界的宗教国争一席之地"。

林文庆的天真之处在于他想将儒学"设立一个教门，而与外国分庭抗礼"，这当然是"番仔憨"，而且有趣的是他一番到底，决不反悔。这种番实在有一些可爱之处，但在当时"五四"新文化运动刚刚过去，旧时代的残渣仍然在造孽，思想激进的学生们是听不进去的。就像提倡中西兼容、贯通古今的学衡派，当时也普遍不被"五四运动"激进派接受一样。

人无完人，包括鲁迅和林语堂。这里不想去过多地评价前辈的功过是非，但一个问题是值得思考的：谙熟西方文化的林语堂和林文庆等，晚年都极其推崇"国学"，除了"血浓于水"的原因之外，应该说他们太了解西方文化了，了解之后就很难盲目崇拜，转而回归传统，并加以比较辨析，然后兼收并蓄。

兼收并蓄是一个很重要的概念，我们一直在寻找能一锤定音的东西，这个东西，其实它不在西方也不在东方，说到底了，它根本不存在。人类浩浩荡荡的历史和具体人生有点相似，中西文化碰撞交融，本来就是一个不断震荡不断扬弃的过程。在这个过程中，亮点闪烁，垃圾被扬弃，或者综合利用，变废为宝，这样才是正常的过程。这个民族命脉能搏动五千年，肯定有它的缘由，西学中用，靠的还是自身滋长出来的气力，外力是不可靠的！

文化上的喧哗与骚动，常常只破不立，或者说，是没有力气去立，因为头脑一热，就忘记站稳脚跟了。一些所谓的文化运动常常留下大量没啥名堂的泡沫，如果本来扬弃的不是糟粕，吸收的却是垃圾，然后再将泡沫"发扬光大"，那很可能是一种灾难。在非常时期，一些人头脑发热是可以的，如果人人都头脑发热，这个民族还真是太没底蕴了。

历史地看，率先提倡白话文而又能理性地"整理国故"的北大校长之一胡适是伟人；用英美大学自由式研究来训练学生，而又提倡重视中国传统文化的厦门大学校长之一的林文庆当然也是伟人！林文庆是将他自己后半生最精华的 16 年留给厦大，也留给了鼓浪屿。

许多写鼓浪屿的文章多半喜欢提及一些蜻蜓点水的名人，实际上许多显赫一时的名人来鼓浪屿，不过行色匆匆，未见得有什么建树，顶多是个点缀，真正构成鼓浪屿独特人文积淀的是当年那些"原住民"，或者叫常住民。鼓浪屿当然不是世外桃源，作为近代中西文化碰撞融合的结晶，很耐人寻味的是它居然是以西方殖民者入侵为起点的，这个事实对中国人来说，的确是耻辱，但鼓浪屿和其他殖民地迥然不同的是，这里同时是闽南华侨和闽台富绅的聚居地，尤其后来有像林文庆这样高层次人士的入住，无疑大大提升了"原住民"的文化品位！

在世界日趋大同的时代，人类需要的不是你死我活的搏斗，而是和平与双赢，作为一个日益强大的主权国家，崇洋媚外和盲目排外都不是健康情绪，这是近年来许多专家学者反复论证的。作为一个能绵延几千年的古老民族，中国文化内核肯定有它存在的价值，这已经是不争的事实，事实上几千年来中华民族就不断吸纳来自异族的文化，否则怎么可能如此博大精深？中华文化的包容性是很强的，扬弃自身糟粕并汲取其他民族的精华，这才是一个健康民族正常的新陈代谢。

鼓浪屿的黄金时代已经过去，这也是不争的事实，但独具魅力的鼓浪屿显然是中西文化碰撞交融最早的窗口，她既是中国的，也是世界的。用幽默的"厦门老外"潘维廉的话说，是"丰饶的国际遗产"，正因为这种独特的人文积淀，这个镶嵌在天风海涛中的蕞尔小岛，至今方能如此流光溢彩，璀璨夺目。

2008 年 12 月 31 日初稿
2009 年 4 月 22 日二稿
2009 年 7 月 2 日三稿
2009 年 8 月 18 四稿

# 主要参考书籍和图片资料来源

1．程绍刚译注：《荷兰人在福尔摩沙》，台湾联经出版事业公司 2000 年 10 月版。

2．王雅伦编著：《法国珍藏早期台湾影像》，台湾雄狮图书股份有限公司 1997 年版。

3．麦高温：《中国人的生活明与暗》，时事出版社 1998 年 1 月版。

4．立德：《穿蓝色长袍的国度》，时事出版社 1998 年 1 月第 1 版。

5．陈文平主编：《福建宗教史》，福建教育出版社 1996 年 11 月版。

6．林金水主编：《台湾基督教简史》，九州出版社 2007 年 4 月版。

7．陈嘉庚：《南侨回忆录》，美国八方文化企业公司 1993 年 7 月版。

8．清道光十九年镌《厦门志》，鹭江出版社 1996 年 3 月版。

9．周子峰著：《近代厦门城市发展史研究》，厦门大学出版社 2005 年 12 月版。

10．《厦门华侨志》编委会：《厦门华侨志》，鹭江出版社 1991 年 11 月版。

11．厦门海关编著：《厦门海关志》（1684—1989），科学出版社 1994 年 4 月第 1 版。

　　12．林语堂著：《林语堂自传》，陕西师范大学出版社 2005 年 1 月版。

　　13．林太乙著：《林家次女》台湾九歌出版社 1996 年版。

　　14．赵德馨著：《黄奕住传》，湖南人民出版社 1998 年 11 月版。

　　15．李启宇著：《厦门史略》，福建人民出版社 2008 年 6 月版。

　　16．史际平等编著：《家在清华》，山东画报出版社 2008 年 4 月版。

　　17．洪卜仁、何丙仲、白桦编著：《厦门旧影》，人民美术出版社 1999 年版。

　　18．潘维廉著：《魅力鼓浪屿》，厦门大学出版社 2005 年 10 月版。

　　19．魏安国著：《菲律宾历史上的华人混血儿》，菲律宾华裔青年联合会 2003 年。

　　20．吴明刚著：《1933 福建事变始末》，湖北人民出版社 2006 年 6 月版。

　　21．韩真著：《民国福建军事史》，中国言实出版社 2000 年 1 月版。

　　22．福建省政协：《闽南民军》，福建人民出版社 2001 年 2 月版。

　　23．方有义、彭一万主编：《闽南文化研究论丛》，文化艺术出版社 2006 年 12 月版。

　　24．鼓浪屿政协：《鼓浪屿文史资料》（内部交流资料）。

　　25．厦门市政协：《厦门文史资料》（内部交流资料）。

　　26．思明区政协：《思明文史资料》（内部交流资料）。

　　27．福建省政协：《福建文史资料》有关各期，福建人民出版社出版。

　　28．福州市政协主编：《福州文史资料集粹》（上、下册），海潮摄影艺术出版社 2006 年第 1 版。

# 后　记

　　俗话说，隔行如隔山，原以为自己准备得算是充分了，深入进去，方知"做史"之难度！这本小书，虽然允许用"也许"、"可能"之类的字眼，行文之际，依然感觉重若千钧，案头书籍堆积如山，这才真正明白做学问之不容易，比写小说麻烦多了。小说毕竟是自己的领地，爱怎么撒野就怎么撒野；写散文，眼到心到，水到渠成，还是比较单纯的；写文学评论，也还有个别人的作品作依托呢——心不慌！做史，真名真姓，真刀真枪，还真不容易，主要是来不得半点含糊，你只能在史实基础上开拓思路，提炼亮点，当然不能随心所欲，哗众取宠。

　　读是读写是写，读时可以无心，写时方恨书读少，读得太粗疏。

　　深入阅读，深入思考，更明白鼓浪屿的黄金时期虽然已经过去，特定时期的历史文化积淀的确值得大家来做深入的研究和探讨，这个美丽的小岛之所以成为出色人才的摇篮，这是中西文化碰撞交融的结果，也是因为她当年荟萃了闽台和南洋高素质人口的缘故……

　　过去就过去了，留给我们的启迪是：兼收并蓄，汲取古今中西优秀文化的营养，我们的文化发展才能真正步入正轨，才能真正提高人口素质，而也只有当人口素质提高了，一个民族才能从根子上强盛起来。

　　本书资料来源比较芜杂，除了列出的书目，还有一部分来自网络，尽管作了一定的鉴别，传说是传说，史实是史实，我尽量不以讹传讹，但肯定还是有不少缺漏——写到细处，更明白任何立论都不可以无凭据。本书虽然有一定的田野调查作基础，仍然感觉干燥了一些，做史的确不容易，要深入浅出写得明白如话不容易，要写得流利动人而又尽量合乎史实更不容易。

感谢我的指导老师陈嘉明教授，感谢黄猷、洪卜仁、龚洁、何丙仲等社科界长辈和朋友，感谢为本书提供部分历史图片的高振碧、何会珠、杨琼琳、白桦、柯秀文等先生，感谢我的亲朋好友何魁斗、陈惠心、周菡、杨永楦、李向群、廖明莉、王炳晋、梁怀槟、黄美月、黄佩茹，没有他们的指导和支持，这本书就不可能完成得如此顺利。

作为更喜欢文学创作的人来说，这样的书不能多写，但似乎也不能完全不写，这是一种锻炼也是积累。写完这本小书，还真明白了很多，深厚了很多，将来如果能写出比《鼓浪烟云》更厚实的作品，可能就是因为接受这个锻炼的缘故。

感谢厦门社科联给了这次锻炼和积累的机会。

2009 年 5 月 26—27 日